フラが踊れる対訳本

神保 滋

日本語の対訳通りの振りで踊れる対訳集 200

Translations of Hula songs

はじめに

　本書はフラダンサーのための対訳本です。フラは歌詞のことばに沿って踊ります。そこで同様に、ことばに沿った訳し下げが基本になっています。代わりに、自然な文体が薄れる結果になっていますが、ダンサーの側から見ると、踊りやすい内容になっていると思います。
　本書では200曲のハワイアンソングを納めています。フラのスタンダード・ナンバーを中心に、最近のダンサーに人気の歌も取り上げました。歌詞を同時掲載していませんが、ほとんどすべてがお馴染みの歌ですので、容易に歌詞を手に入れることができると思います。もちろん、鳥山親雄著「ハワイアン・メレ」シリーズには全曲載っています。

　ハワイアンソングのほとんどが、私的な歌です。作者にとって大切なひとに歌を贈っています。それは、恋人であったり、夫や妻であったり。または、祖父母や親、子供、孫、友人。愛する故郷に向けた歌もあります。フラダンサーは歌の意味を学びつつ、そこに込められた作者の思いを想像しながら踊ることになります。しかし、あくまでも他者への歌であることは変わりません。
　その事実について、以前、マウイ島のクム・フラであり著名なハワイアンのシンガーである人物と話をしたことがあります。彼はこう答えてくれました。
　"僕の歌ではあるけれど、いったん世に出たら、もう僕の歌ではなくなる。踊る人のものになるんだ"。
　歌は作者を離れ、ダンサーの心へ飛び込んでいく。そして、ダンサーが歌の主人公になり、本人にとって大切なひとのために踊る。そのひとに踊りで思いを伝える、それがハワイアンソングだと彼は教えてくれたのです。彼のことばは、何年経っても印象深く心に残っています。
　本書が、フラを愛するダンサーの皆さんにとって、愛しい誰かに向けて踊るときの参考になったとしたら、これほど嬉しいことはありません。

令和元年9月
神保　滋

本 書 の 特 徴

「フラが踊れる対訳本」には以下の特徴があります。

● 訳し下げを基本にしている。

なるべくハワイ語や英語の単語に沿った訳し下げをしています。
そのため、訳詞のままでフラが踊りやすくなっています。
また、単語それぞれの訳が対照しやすくなっています。

● 歌のメロディに合わせた訳になっている

原曲の歌詞のメロディに合うような訳を心がけています。
そのため、なるべく訳詞を歌いながら、踊れるようになっています。

● 歌のメロディに対応したガイドカウントがついている。

歌うための目安として、訳詞の上にカウントがついています。
「1,2,3,4」が譜面の1小節にあたります。

本 書 の 使 い 方

■ 曲について

曲はアカサタナ順に並んでいます。
ヴで始まる曲はワ行に入れています

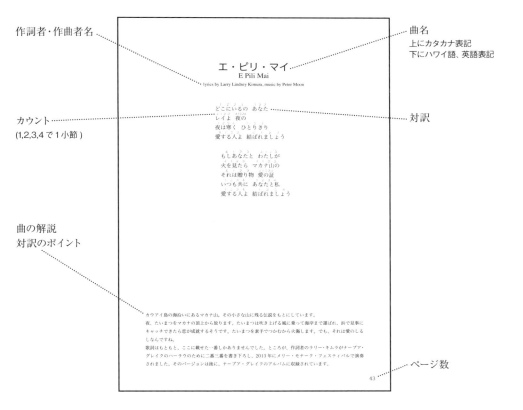

■ ハワイ語のカタカナ表記について

「w」は「ワ」または「ヴ」で表記しています。
カハコーは「ー」または「ゥ」で表記しています。
オキナは表記していません。

目 次

- はじめに
- 本書の特徴
- 本書の使い方

「ア行のメレ」

- 14 アイア・ラー・オ・ペレ
- 15 アーイナハウ
- 16 アフリリ
- 17 アラ・アヌヘア
- 18 アラ・ピーカケ
- 19 アレコキ
- 20 アロハ・アク、アロハ・マイ
- 21 アロハ・イア・オ・ワイアナエ
- 22 アロハ・ウィーク・フラ
- 23 アロハ・エ・コハラ
- 24 アロハ・オエ
- 25 アロハ・カウアイ
- 26 アロハ・ノー
- 27 アロハ・ノー・カラーカウア
- 28 アロハ・ハワイイ・クウ・オネ・ハーナウ
- 29 イ・アリイ・ノー・オエ
- 30 イ・アロハ・イア・ノー・オ・カナイオ
- 31 イ・コナ
- 32 イポ・レイ・モミ
- 33 ウア・ラニピリ・イ・カ・ナニ・オ・パパコーレア
- 34 ウヒヴァイ
- 35 ウルパラクア
- 36 エ・イケ・イ・カ・ナニ・ア・オ・ホーポエ
- 37 エ・イケ・イ・カ・ナニ・ア・オ・ポリアフ
- 38 エイ・ネイ
- 39 エ・オー・マイ
- 40 エ・クウ・スウィート・レイ・ポイナ・オレ
- 41 エ・クウ・トゥトゥ
- 42 エ・クウ・レイ
- 43 エ・ピリ・マイ
- 44 エ・フリ・マーコウ
- 45 エ・ホイ・イ・カ・ピリ
- 46 エ・リリウ・エー
- 47 エレウ・ミキミキ
- 48 エ・ワイアナエ
- 49 オアフ
- 50 オハイ・アリイ・カルヘア
- 51 オールド・プランテーション
- 53 コラム「対訳の小道 その1」

「カ行のメレ」

- 56 カア・ナー・アレ
- 57 カイマナ・ヒラ
- 58 カイムキー・フラ
- 59 カウアノエアヌヘア
- 60 カウオハ・マイ
- 61 カ・ウルヴェヒ・オ・ケ・カイ
- 62 カ・エハ・ケ・アロハ
- 63 カナナカ

64	カーネオヘ	92	クウ・レイ・ホークー
65	カ・ノホナ・ピリ・カイ	93	クウ・レオ・アロハ
66	カハラオプナ	94	グリーン・ランタン・フラ
67	カ・ヒーナノ・オ・プナ	95	グリーン・ローズ・フラ
68	カ・ピリナ	96	ケ・アーヌエヌエ
69	カ・プア・アノ・ラニ	97	ケ・アヌ・オ・ワイメア
70	カ・プア・ウイ	98	ケ・アロハ
71	カ・ポリ・オ・ワイメア	99	コアリ
72	カ・マカニ・カーイリ・アロハ	101	コラム「対訳の小道　その2」
73	カ・マヌ・キーカハ・オル		**「サ・タ行のメレ」**
74	カ・レフア・イ・ミリア	104	ザ・フキラウ・ソング
75	カ・レフア・ウラ	105	スウィート・レイ・モキハナ
76	カ・ロケ	106	ソフィスティケイテッド・フラ
77	カヴァイオカレナ	107	タイニー・バブルス
78	カヴォヒクーカプラニ	108	テヴェテヴェ
79	キス・ミー・ラブ		**「ナ行のメレ」**
80	キーパフル	110	ナー・アレ・オ・ニイハウ
81	キープー・カイ	111	ナ・カ・プエオ
82	キモ・フラ	112	ナニ・アヒアヒ
83	クイーンズ・ジュビリー	113	ナニ・カウアイ
84	クウ・イポ・イ・カ・ヘエ・プエ・オネ	114	ナニ・ハナレイ
85	クウ・イポ・オナオナ	115	ナニ・ワイアレアレ
86	クウ・イポ・プア・ローゼ	116	ナニ・ヴァレ・カウイキ
87	クウ・ティタ	117	ナー・ハラ・オ・ナウエ
88	クウ・プア・パカラナ	118	ナー・ヴァケーロス
89	クウ・ホア	119	ニイハウ
90	クウ・ホアロハ	120	ノヒリ・エー
91	クウ・レイ・フリリ	121	ノホ・パイパイ

122	ノ・ルナ	151	プア・カーネーション
123	コラム「対訳の小道 その3」	152	プア・キエレ
	「ハ行のメレ」	153	プア・チューバロゼ
126	ハアヘオ	154	プア・ホネ
127	ハアヘオ・カイマナ・ヒラ	155	プア・マエ・オレ
128	パウオア・リコ・カ・レフア	156	プア・リーリーレフア
129	ハナレイ・ムーン	157	プア・レイ・アロハ
130	ハノハノ・オ・マウイ	158	プアアラ
131	ハノハノ・カ・レイ・ピーカケ	159	プアマナ
132	パーパー・シア	160	プープー・アオ・エヴァ
133	パーパーリナ・ラヒラヒ	161	フラ・オ・マキー
134	パー・マイ・アナ・カ・マカニ	162	ファイアーマンズ・フラ
135	ハラルー	163	ブルー・ハワイ
136	パーリー・シェル	164	ヘ・アロハ・クウ・イポ
137	ハレアカラー・フラ	165	ヘ・アロハ・モク・オ・ケアヴェ
138	ハレイヴァ・フラ	166	ヘ・アロハ・ノー・オ・ホノルル
139	パーレフア	167	ヘ・アロハ・ノー・オ・ワイアナエ
140	ハレマウマウ	168	ヘ・ウイ
141	ハワイイ・ノー・エ・カ・オイ	169	へネヘネ・コウ・アカ
142	ヒイラヴェ	170	ヘ・レイ・ノ・アウラニ
143	ビヨンド・ザ・リーフ	171	ヘ・レイ・マカナ
144	ピリ・カーペケペケ	172	ホオイポ・イ・カ・マラナイ
145	ヒロ・オネ	173	ホオキパ・パーカ
146	ヒロ・フラ	174	ホオハエハエ
147	ヒロ・メドレー	175	ホオヘノ・アオ・ピイラニ
148	プア・アアリイ	176	ホノムニ
149	プア・アーヒヒ	177	ポーハイ・ケ・アロハ
150	プア・オ・カーマカハラ	178	ホーポエ

179	ホメ・カパカ	209	コラム「対訳の小道　その5」
180	ポー・ライライ		「ラ行のメレ」
181	ホラ・エ・パエ	212	ラーイエイカヴァイ
182	ポリアフ	213	ラウパーホエホエ・フラ
183	ポリナヘ	214	ラブリー・フラ・ハンズ
184	ホロホロ・カア	215	ラヴァクア
185	ホロ・ワアパー	216	レイ・アナ・オ・マーノア・イ・カ・ナニ・オ・ナー・プア
187	コラム「対訳の小道　その4」	217	レイ・コーエレ
	「マ行のメレ」	218	レイ・ナニ
190	マイ・イエロー・ジンジャー・レイ	219	レイ・ハラ
191	マイ・イーターリア・コー・レイ・ナニ	220	レイ・ハリア
192	マイ・スウィート・ピーカケ・レイ	221	レイ・ピーカケ
193	マイ・リトル・グラス・シャック	222	レイ・プア・ケニケニ
194	マイ・ロヒロヒ・マイ・オエ	223	レイ・ホオヘノ
195	マウナレオ	224	レフア・ビューティ
196	マキー・アイラナ	225	ロイヤル・ハワイアン・ホテル
197	マヌ・オーオー	226	ロゼラニ・ブロッサム
198	マヒナ・オ・ホク	227	コラム「対訳の小道　その6」
199	マープ・マウ・ケ・アラ		「ワ・ヴのメレ」
200	マーラマ・マウ・ハワイイ	230	ワイカロア
201	ミロリイ	231	ワイキーキー
202	メ・カ・ナニ・アオ・カウポー	232	ワイキーキー・フラ
203	メレ・ア・カ・プウヴァイ	233	ワイピオ・パーエアエア
204	メレ・オ・ラーナイ	234	ワヒネ・イリケア
205	メレラナ	235	ヴェリナ・オアフ
206	モアニケアラオナープアマカヒキナ		参考文献
207	モキハナ・ララバイ		あとがき
208	モロカイ・ジャム		

ア行のメレ

アイア・ラー・オ・ペレ・イ・ハワイイ
Aia Lā ʻO Pele I Hawaiʻi

traditional, music by Mae Lobenstein

ここにペレが　ハワイ島に
踊っている　マウケレで
噴火の音が　轟きわたる
飲み込まれる　プナの大地

*閃光が天に　絶え間なく
　ペレよ　ペレよ

美しいひとが　パリウリに
噴き出す炎　崖をこえて
ここは境界　マウイとの
大地　カウルラーアウの

*繰り返し

どこに　ふたりの　安息の地は
炎の道で　求めるものは
上に下にと　流れる溶岩
女神ペレよ　カヒキから来た

*繰り返し

伝えてきた　この物語
ここにペレが　ハワイ島に
繰り返そう　物語を
ヒイアカの　名のもとに

*繰り返し

ハワイは正確にはハワイイ（Hawaiʻi）なので曲名ではそうしています。
音源によってはタイトルが「アイア・ラー・オ・ペレ」と短いものがあります。
三番２行目は、I ke ala nui（その道で）が一般的ですが、I ka ʻale nui（大波で）という歌詞もあります。ここでは I ke ala nui のほうで "炎の" を補って "炎の道で" と訳しています。
三番４行目 "女神ペレよ" は ʻO Pele ka wahine（女性ペレ）で女神とは言っていませんが、意訳しました。
伝説によると、ペレは遙かカヒキの島から古代カヌーに乗ってハワイまでやってきました。ペレは火を求めてハワイの島々を巡り、とうとうハワイ島に火山を見つけ、その火口を終の棲家にしたのでした。

アーイナハウ
'Āinahau
by Princess Miriam Likelike

　　　3 4 1 2 3 4 1 2
　　それは香水
　　　3 4 1 2　　3 4 1 2
　　さわやかなバラの
　　　3 4 1 2　　3 4 1 2　　3 4 1 2 3 4　1 2
　　濡らす　つぼみを　花々の
　　　3 4 1 2 3 4 1 2
　　そしてクジャク
　　　3 4 1 2 3 4 1 2
　　その羽根は金色
　　　3 4 1 2 3 4 1 2　　3 4 1 2 3 4　1 2
　　飾ってくれる　我が家を

　　　　　3 4 1 2 3 4 1 2
　　＊美しい住まい
　　　　　3 4 1 2　　3 4 1 2
　　　アーイナハウは華やか
　　　　　3 4 1 2　　　　　　　3 4 1 2 3 4　1 2
　　　そよそよ　葉がそよぐ　ヤシの木
　　　　　3 4 1 2 3 4 1 2
　　　満ちあふれている
　　　　　3 4 1 2　　3 4 1 2
　　　香り　花の
　　　　　3 4 1 2 3　　　4 1 2 3 4 1 2 3 4　1 2
　　　住まい　我が家は華やか
　　　　　3 4 1 2 3　　　4 1 2 3 4 1 2 3 4　1 2
　　　住まい　我が家は華やか

　　　　　　　　　　　　　　　　　　　3 4 1 2 3 4 1 2
　　　　　　　　　　　　　　　　そよ風がやさしく
　　　　　　　　　　　　　　　　　3 4 1 2　　3 4 1 2
　　　　　　　　　　　　　　　　吹き抜ける　海から
　　　　　　　　　　　　　　　　　3 4 1 2　　3 4 1 2 3 4　1 2
　　　　　　　　　　　　　　　　運ぶ　香りは　リーポア
　　　　　　　　　　　　　　　　　3 4 1 2 3 4 1 2
　　　　　　　　　　　　　　　　そしてまじわる
　　　　　　　　　　　　　　　　　3 4 1 2 3 4 1 2
　　　　　　　　　　　　　　　　香りと住まいが
　　　　　　　　　　　　　　　　　3 4 1 2 3　　4 1 2 3 4 1 2 3 4　1 2
　　　　　　　　　　　　　　　　住まい　我が家は華やか

　　　　　　　　　　　　　　　　＊繰り返し

アーイナハウは、ワイキキにあったリケリケ王女の住まいの名前です。訳では、そのままアーイナハウにしました。ハワイ語の意味は"涼しい土地"です。
歌詞一番、クジャクの羽根は"黄色（melemele）"と歌っていますが、"金色"のほうがクジャクの羽根に合うので意訳しています。
アーイナハウには広大な庭があり、クジャクが放し飼いになっていました。その邸宅に、夫のアーチボルド・クレグホーン、そしてひとり娘のカイウラニと住んでいました。現在、跡地には娘の名を冠したプリンセス・カイウラニ・ホテルが建っています。
ミュージシャンによっては、サビから始まったり各バースの最後を繰り返しますので、音源にあわせて組みかえてみてください。

アフリリ
'Ahulili
by Scott Ha'i

愛しの　アフリリ
やきもち焼き　彼女は
いつも隠れて　いなくなる
霧を使い　その山は

ここはとても　心地がいい
香りがする　濃厚な
満ちる　あなたの欲望
喜びふるえる体

決してゆるぎはしない
この願い　この愛は
思いはかかる　雲となり
美しい　ハッピー山に

伝えてきた　物語
愛しの　アフリリ
やきもち焼き　彼女は
いつも隠れて　いなくなる

　　構成は、ライアテアの音源に基づいています。
　マウイ島東部、ハーナのオールドタウンを抜けるとカウポーという田舎に入ります。左手に海、右手に山が連なっていて、そのひとつがアフリリの山。作者のスコット・ハイはカウポーが地元で、「ハワイアンメレ1001」によると、アフリリの山が見渡せる家に住むマーシュ夫人をモデルにして歌を書いたそうです。ここに載せていませんが、ハイナのバースは別バージョンがあり、ホオケナの音源がそうです。また、ホオケナでは二番と三番の間にもうひとつバースが入り、計五番までになっています。
　同名異曲があります。

アラ・アヌヘア
'Ala Anuhea
by Kamaka Kukona

どこにあなた　愛するひとよ
レイはさわやか　甘いバラの花
絡められて　マイレ・カルヘアと

*レイの香り　さわやか
　甘いキスを　この鼻に

見つめてあなた　恋人よ
胸を広げる　カハーラーヴァイ山
水は湧き出ていく　ゆっくりと

*繰り返し

いつもすてきな　眺めが前に
頭上にそびえる　プウ・ククイ山
たくさんつくつぼみは　レフア

*繰り返し

伝えた飾りは　愛するひと
レイはさわやか　甘いバラの花
繰り返してきた　お話

*繰り返し

レイの香り　さわやか

マウイ島西部にある山の名前が出てきます。
カハーラーヴァイ山はひとつの山ではなくて、西マウイにあるさまざまな山を指します。
プウ・ククイは西マウイで一番高い山です。ちなみに、東マウイの最高峰がハレアカラーですね。
マイレ・カルヘアはマイレの種類のひとつなのでそのままにしています。カルヘア(kaluhea)は "香しい" という意味です。
サビで、キスを鼻にするというシーンが出てきます。これはハワイの伝統的なキスのスタイル。ハワイでは、キスは鼻と鼻を合わるんですね。
同名異曲があります。

アラ・ピーカケ
'Ala Pīkake

by Manu Boyd

聞いてあなた　香りよ　ピーカケの
私の親友　夕暮れどきの

火がつく心　高まる思い
つぼみは美しい　ワイアラエの

そこにいました　昨日の晩は
十六夜の満月　輝く中に

枝葉を叩く　月明かり浴びて
花のため　糸を　通すのに充分な

すっかり全身に　レイがかかる
飾られていく　上から下まで

伝えました　このお話を
私の親友　夕暮れどきの

繰り返します　このお話を
ピーカケの香り　漂っている

　歌詞の二番に出てくるワイアラエは、ダイヤモンドヘッドの裏にある高級住宅街から山へと続くエリア一帯を指します。

　カハコーがつくためピーカケ (pīkake) と発音します。ピーカケは外来種でジャスミンのことです。実は、ピーカケはクジャクのこと。英語ピーコックのハワイ語発音です。"クジャク"と名づけられた花なんですね。

　興味深いのが三番。ハワイの言い伝えでは、満月の夜に小枝でピーカケを叩くと、翌日にたくさんの花が咲くそうです。レイをつくるには大量の花が必要。四番では全身を飾ったとありますから、その効果はあったようですね。

アレコキ
'Alekoki'
traditional, music by Lizzie 'Alohikea

無理です 信じるのは
泉のこと アレコキの
心地よい雨 山の
土地の雨 ヌウアヌの

無駄な寒さ 僕には
待っていたのに ここで
思っていた しっかりと
その心 僕にあると

守ってきた この体
そうしてと 言われたから
頭を占める 思い
泉のこと カペナの

見とれている 美しさ
花々に マウナアラの
伝えてきた 物語
泉のこと アレコキの

オアフ島ヌウアヌの山で会う約束をしたのに彼女は現れず、結局待ちぼうけをくらいます。雨が降って体は冷えるし、なぜ？ 信じていたのに、と嘆く男性の話です。歌のもとになった詩は、ハワイ六代国王になるルナリロが書いたそうです。ルナリロを振った女性は、カメハメハ四世と五世の妹、ヴィクトリア・カマーマル王女だとか。

歌詞は九番までありますが、ここでは一般的な一、二、四番とハイナを対訳しています。

一番"土地の雨"は意訳です。ハワイ語歌詞は Noho maila i Nu'uanu で、直訳は"ヌウアヌ山脈に住んでいる（雨）"です。

四番は異なる歌詞バージョンがありますが、以下で訳しています。

    Ua malu nēia kino

    Ma muli a'o kou leo

    Kau nui aku ka mana'o

    Kahi wai a'o Kapena

アロハ・アク、アロハ・マイ
Aloha Aku, Aloha Mai
by Michael Lanakila Casupang, Keo Woolford

降る雨はトゥアヒネ
それは涙 天からの
ひとを愛し 愛される
愛し合う

広がる空 垂れる空
山から海まで 穏やかな
ひとを愛し 愛される
愛し合う

*ここに私
そこにあなた
戻ってきて
あなた
この胸に 愛する
ハワイの
島々に

飾る いつも この自然
広がる空 垂れる空
ひとを愛し 愛される
愛し合う

*繰り返し

〜三番

2013年に公開されたハワイの映画「ハウマーナ」の挿入歌です。
トゥアヒネは、オアフ島マーノアに降る雨の名前。
歌詞の uluwehi は "緑が深い" ことですが、ここでは "自然" と訳してみました。実は、ハワイ語には自然にあたる単語がありません。ハワイアンにとっては、ひとの暮らしと自然は区別するものではないからでしょう。
曲名になっている「アロハ・アク、アロハ・マイ」とは、互いを思いやり愛すること。これがまさに映画「ハウマーナ」のテーマになっています。作曲者のひとりであるケオ・ウールフォードは、この映画の監督であり、フラダンサーとして出演もしています。「ハウマーナ」はフラの世界に焦点を当ててはいますが、ハワイの青春映画としても素晴らしい出来です。有り難いことに、僕は日本版DVDの字幕対訳と解説書に関わることができました。

アロハ・イア・オ・ワイアナエ
Aloha ʻIa ʻO Waiʻanae
by Abigail Pililāʻau, Rachael Kaleiwahea

愛されてる　ワイアナエ
木陰がある　ヤシ林の
ヤシが有名　ポーカイ湾
美しい　その眺め

そびえ立つ　カアラ山
その山は　素晴らしい
茂るのは　マイレ・ラウリイリイ
香りは　さわやか

吹き出す風は　カイアーウル
そよそよ　穏やかに
漂う香りは　アヴァプヒ
花の香りは　甘い

ここに伝えた　お話
ワイアナエが　ふるさと
地元が大好き　私たちの
我が家を　忘れはしない

オアフ島ワイアナエの美しさを讃えています。
マイレ・ラウリイリイ（maile lauliʻiliʻi）はマイレの一種で"葉っぱがとても小さいマイレ"という意味です。アヴァプヒ（ʻawapuhi）はジンジャーの花のことです。
huapala.org によると、レイチェル・カレイワヘアが作り、アビゲイル・ピリラーアウがお手伝いをして歌が完成しました。それで共作になっているのだとか。レイチェル・カレイワヘアは、1967年にワイアナエで亡くなりました。76歳でした。
ハイナで、家（home）という単語が3回出てきますが、少しずつ表現を変えてみました。

アロハ・ウィーク・フラ
Aloha Week Hula
by Jack Pitman

フラでぶりっ子　スカートはいて
ウインクを男子に　アロハシャツの
　それが流儀　アロハ・ウィーク・フラ

島めぐり　ゆっくりと
回り道が　ハワイアン・スタイル
　それが流儀　アロハ・ウィーク・フラ

　最新ステップに　トライしよう
　トゥトゥが歩く　タロ・パッチ
　手をたたこう　イカす音で
　お尻を回そう　男子たちへ

ドラムのビートが　ドンディドン
腰を振れば　とても楽しい
　それが学べる　アロハ・ウィーク・フラ

1946年から始まったイベント、アロハ・ウィーク・フラ。1991年に名前をアロハ・フェスティバルに変えて、現在（2019年）も続いています。
トゥトゥ（tūtū）はおじいちゃん、おばあちゃんのこと。今はおばあちゃんを指すことが多いようですが、ここではどちらにもとれるようトゥトゥにしました。ここではカハコーを"ゥ"で表しています。
タロ・パッチはタロイモ畑のことです。

アロハ・エ・コハラ
Aloha E Kohala
by Robert Cazimero

高地 美しき このポロルーに
たわわに実る
赤いハラの実 風に吹かれて
愛するコハラ 私のふるさと

水が 運ばれる 天から
特別な花へ
風に吹かれて アーパアパアの
愛するコハラ 私のふるさと

ここに ワーヘアに カマレイたち
胸に抱かれ
ご先祖さまが 飾り続ける
愛するコハラ 私のふるさと

めぐる 思い 眺めていると
この大地を
コハラ・ヌイよ コハラ・イキよ
愛するコハラ 私のふるさと

作者のロバート・カジメロが、彼のフラの生徒たちとハワイ島コハラを訪れた際の想い出を歌にしています。
ハラ（hala）はパンダナス、日本ではタコノキのことです。
歌詞三番に出てくる nā kamalei は"愛する子供たち"の意味ですが、ロバートが主宰するフラの教室、ハーラウ・ナー・カマレイの生徒とロバート自身のことでしょう。そこで、訳では"カマレイたち"としてみました。
四番の 'o Kohala nui, 'o Kohala iki ですが、これは古いチャントに残るコハラの地名表現です。"大きなコハラ 小さなコハラ"の意味ですが、フレーズとしてそのまま使いました。

アロハ・オエ
Aloha 'Oe
by Queen Lili'uokalani

　　　4 1 2 3 　　 4 1 2 　 3 4 1 2 3 4 　 1 2 3
おごそかに　降る雨　その崖に
　　4 1 2 3 　　 4 1 2 3 4 1 2 3 4 　 1 2 3
忍び寄る　森の中に
　　4 1 2 3 　　 4 1 2 　 4 1 2
濡らす　たぶん　つぼみを
　　 3 4 1 2 3 4 1 2 　 3 4 1 2 3 4 　 1 2 3
アーヒヒ・レフア　山の

　　4 1 2 3 4 　　 1 2 3 　 4 1 2 3 4 　　 1 2 3
*さよなら　あなた　さよなら　あなた
　　4 1 2 3 4 　　 1 2 　 3 4 1 2 3 4 　 1 2 3
甘い香り　住むのは　山の奥
　　 4 1 2 3 　 4 1 2 3 4 1 2 3 4 　 4 1 2 3
抱きしめて　去ります　私は
　　 4 1 2 3 　 4 1 2 3 4 1 2 3 4 　 1 2 3
また会う　日が来るまで

　　 4 1 2 3 　　 4 1 2 3 4 1 2 3 4 　 1 2 3
思い出　あの愛がよみがえる
　　 4 1 2 3 　　 4 1 2 3 4 　 1 2 3
甘く　過ごしたひととき
　　 4 1 2 3 　　 4 1 2 3 4 1 2 3 4 　 1 2 3
あなたは　私が愛したひと
　　 4 1 2 3 　 4 1 2 3 　 4 1 2 3 4 　 1 2 3
心が　今も　求める

*繰り返し

　　　4 1 2 3 　　 4 1 2 3 　 4 1 2 3 4 　 1 2 3
気づく　見たから　その美しさを
　　4 1 2 3 　　 4 1 2 3 4 1 2 3 4 　 1 2 3
花々　バラをマウナヴィリで
　　4 1 2 3 　　 4 1 2 3 　 4 1 2 3 4 　 1 2 3
そこでは　鳥たちが　楽しく
　　4 1 2 3 　　 4 1 2 3 　 4 1 2 3 4 　 1 2 3
飛び交う　美しい　つぼみを

*繰り返し

アーヒヒ・レフア（'āhihi lehua）は、オアフ島に咲くレフアの亜種です。
マウナヴィリは、オアフ島ヌウアヌの山側にある地名です。
2007年、ホノルル・マガジン誌がハワイの歌ベスト50を発表しました。その第一位に見事輝いたのが「アロハ・オエ」。作者はハワイ王国の第八代目にして最後の女王、リリウオカラニ（1838〜1917）。1893年、白人政権に王位を奪われ、やがてハワイ王国は滅びます。女王の在位期間はたったの2年でした。「アロハ・オエ」は恋人との別れの歌ですが、ハワイの人々はリリウオカラニ女王への深い敬愛と、失われたハワイ王国への哀惜の思いをこの歌に投影しています。まさに第一位にふさわしいですね。

アロハ・カウアイ
Aloha Kauaʻi
by Maiki Aiu Lake

愛する モキハナ お花 カウアイの
絡めるのは マイレ・ラウリイリイ
マイレ・リイリイ
すてき 香りが 好きです あなた
私は あなたと この胸に

愛しの カウアイ
くつろぎ 迎える 来る人を

伝える 有名な その名 カウアイ
自慢の 美しい 最愛の

カウアイ 美しさは一番

「He Mele Aloha」によると、作者のマイキ・アイウが、カウアイ島に住む親友に贈った歌とのこと。アンティ・マイキは、いつも歓待してくれるその家をルアナと呼んでいました。ルアナ（luana）はサビに出てきます。ハワイ語で"くつろぎ"という意味です。

また、一番３行目の"マイレ・リイリイ"ですが、オリジナルでは"マイレ・ラウリイリイ"となっています。

アロハ・ノー
Aloha Nō
by Lena Machado

　　　　　１２３４１２　　３４１２３４　１２(３４)
　　　とらわれる　私の心は
　　　　　１２３４１２　　３４１２３４１２３４
　　　あなたの声に　電話から聞こえる
　　　　　１２３４　　　　　３４１２３４１２
　　　話してくれる　あなたが眠れぬ夜は
　　　　　３４１２３４　　１２３４１２３４
　　　あなたの胸の内を　熱い思いを
　　　　　１２３４　　　１２３４　　１２１２３４
　　　それが愛　それが愛　まさに愛

　　　　　１２３４１２　　３４１　　２３４　１２(３４)
　　　あなたは　私のレイ　大切な
　　　　　１２３４１２　　３４　　１２３４１２３４
　　　大好きな目　見つめる　こちらを
　　　　　１２３４１２　　３４１２３４１２
　　　わかってるわ　あなたの思いは
　　　　　３４１２３４　　１２３　　　４１２３４
　　　この胸にあなた　くつろぐ　ふたりで
　　　　　１２３４　　　１２３４　　１２１２３４
　　　それが愛　それが愛　まさに愛

レナ・マシャードの研究本「Songbird of Hawai'i」を参考にして対訳しています。
演奏でサンフランシスコに来たレナ・マシャードは、ハワイにいる夫ルチアーノと長距離電話で、まるでつき合いだした恋人のように愛を語ります。1949年の作品。それは結婚をして25年目の年でした。

アロハ・ノー・カラーカウア
Aloha Nō Kalākaua

lyrics by Amy Hānaiali'i Gilliom, Lilikalā Kame'elehiwa
music by William 'Awihilima Kahaali'i

敬愛される　王さま
尊敬を　受ける
人々から　ハワイ中の
親愛なる　カラーカウアよ

命じられた　そのお方
復興するため　フラを
フラの学びを　若人に
ときめき止まらない　この胸の

*よみがえる　あの景色
　ヒイアカが踊る　雨の中
　霧雨が降る　カニレフアの
　濡れて　泉に　王家の

たったひとつ　私の願い
フラをあなたの御前で
感謝します　王さまよ
親愛なる　カラーカウアよ

＊繰り返し

〜三番

フラの復興に力を注いだカラーカウア王を讃えています。カラーカウア（1836 〜 1891）はハワイ王国第七代目の国王です。
ヒイアカは、火の女神ペレの末の妹。カニレフアはハワイ島ヒロに降る雨の名前です。
"ときめきは止まらない、この胸の"の歌詞は、konikoni pau 'ole i ka pu'uwai です。作者エイミィ・ハーナイアリイの CD に英訳が載っていますが、コニコニ（konikoni）はフラのビートと訳されています。コニコニは鼓動を指すことばですが、エイミィはそこにフラのビートを重ね合わせています。

アロハ・ハワイイ・クウ・オネ・ハーナウ
Aloha Hawai'i Ku'u One Hānau

by Frank Kawaikapuokalani Hewett

愛するハワイ　私のふるさと
新緑のハワイ島から　ニイハウの浜まで
真珠のレイ　あなたは
飾るため　王族を

すくすく育つ　タロイモ
素晴らしい食べ物　ハワイの島の
命は子孫へ続く
ハーロアの

その滝は　流れ落ちる
上から下へ　険しい崖から
とても大切な
命の水　カーネの

ハワイは素晴らしい　大地は美しい
創造された　神の御力で
命を育む人々
平和に包まれて

ハワイは正確にはハワイイ（Hawai'i）なので曲名ではそうしています。
ハワイの神話では、ハーロアはハワイアンの始祖であると同時に、タロイモの始祖でもあります。そのため、人間とタロイモは同じ子孫という考えをハワイの人々は持っています。
ハワイ四大神のひとりカーネは、生命に欠かせない水を司る神でもありました。

イ・アリイ・ノー・オエ
I Aliʻi Nō ʻOe
traditional

王様はあなた　召使いは私
従います　あなたの言いつけに

住み込む私は　料理を作る
面倒をみるわ　あなたを全て

ひどいわあなた　愛情がないわ
その目はなに　ウインクなんかして

見せてちょうだい　やさしいところを
骨がもろいのよ　アマキヒ鳥は

伝えました　あなたのことを
王様はあなた　召使いは私

ここで歌われている王様は本当の王ではなくて、亭主関白だか自己中心的な彼氏のことです。そんな男を皮肉った歌ですね。
アマキヒはハワイ固有の小鳥の名前です。
ハイナの ka puana（物語）は"あなたのこと"と意訳してみました。
実は、四番と五番の間にもうひとつバースがあり、合計六番までありますが、ほとんど演奏されていません。

イ・アロハ・イア・ノー・オ・カナイオ
I Aloha 'Ia Nō 'O Kanaio

lyrics by Nina Maxwell, music by Kenneth Makuakāne, Roddy Lopez

慕われている　カナイオの土地
愛する私の　生まれ故郷
心地良く吹く　そよ風が
大好きです　あなたが

ピーモエのレイは　海のしぶき
カナイオの泉　海のそばに
惹かれる　あなたの香りに
大好きです　あなたが

本当に美しい　この大地は
愛をあなたに　カナイオよ
私の思いを　あなたへ
大好きです　あなたが

伝えました　このお話を
愛する私の　生まれ故郷
心地良く吹く　そよ風が
大好きです　あなたが

カナイオはマウイ島にあるビーチの名前。作者が、その地を初めて訪れたときの思い出を歌にしました。そこで聞かされたのが、人魚ピーモエの伝説だったそうです。

イ・コナ
I Kona
by James Kelepolo

ここはコナ 海の雲 静かです
ないです 勝るものは あなたに

初めての私たち あなたが コナよ
おもてなし 心から 私たちへ

伝えられたのは この話
ないです 勝るものは あなたに

ハワイ島コナの美しさを歌っています。歌の"あなた"はコナのことと捉えて訳しました。ハワイの歌では、土地や山など自然を"あなた"と擬人化することがよくあります。

イポ・レイ・モミ
Ipo Lei Momi
by Kealiʻi Reichel

恋人よどこに　真珠のレイよ
1 2 3 4 1 2 3 4
エ～エエ～

怪しく光る　闇の中で
1 2 3 4 1 2 3 4
エ～エエ～

こっちを向いて　キスしておくれ
1 2 3 4 1 2 3 4
エ～エエ～

でも急かさないで　見失うから
1 2 3 4 1 2 3 4
エ～エエ～

手でまさぐる　スポット求めて
1 2 3 4 1 2 3 4
エ～エエ～

先っぽでつつく　波打つシーツ
1 2 3 4 1 2 3 4
エ～エエ～

揉んでいたら　しょっぱい肌に
1 2 3 4 1 2 3 4
エ～エエ～

僕らはうめいて　息も絶え絶え
1 2 3 4 1 2 3 4
エ～エエ～

伝えたのは　この物語
1 2 3 4 1 2 3 4
エ～エエ～

しーっ静かに　起きちゃう　鳥が
(しーっ静かに　音をたてないで)
1 2 3 4 1 2 3 4
エ～エエ～

作者のケアリイ・レイシェルがコンサートで、この歌はタヒチ旅行がきっかけで作曲した、と言っていました。
かなりストレートにセクシャルな歌ですね。歌詞三番は少し意訳していますが、意味深な内容になってしまいました。
ハイナの二回目後半は英語に変えていて歌詞が違います。その部分は（）に入れました。

ウア・ラニピリ・イ・カ・ナニ・オ・パパコーレア
Ua Lanipili I Ka Nani O Papakōlea

by Kapulanakēhau Tamuré

*　1 2 3 4 1 2 3 4　　1 2 3 4 1 2 3 4
　ラニピリの雨が　美しいパパコーレアに
　1 2 3 4 1 2 3 4　　1 2 3 4 1 2 3 4
　きれいな花園　糸を通すメリアの

1 2 3 4 1 2 3 4　1 2　　3 4　1 2 3 4
集める花はメリア　アニアニクーの
1 2 3 4 1 2 3 4　1 2　　3 4　1 2 3 4
抱かれる雨はラニピリ　パパコーレアで

*繰り返し

1 2 3 4 1 2 3 4　　1 2 3 4 1 2 3 4
見上げるのは　カラーヴァヒネ
1 2 3 4　1 2 3 4　　1 2 3 4 1 2 3 4
アニアニクーとプーオワイナ　パパコーレアの

*繰り返し

1 2 3 4 1 2 3 4　　1 2 3 4 1 2 3 4
愛する霧が　パパコーレアに
1 2 3 4　1 2 3 4　　1 2 3 4 1 2 3 4
霧雨はラニピリ　パパコーレアの

*繰り返し

1 2 3 4 1 2 3 4　　1 2 3 4 1 2 3 4
あふれ出た思い　話すとき
1 2 3　4 1 2 3 4　　1 2 3 4 1 2 3 4
伝えた私の歌　パパコーレアの

*繰り返し

パパコーレアは、オアフ島パンチボウルの奥にある地名。ラニピリは、作者ケーハウ・タムレがつけたその地に降る霧雨の名前です。
メリア（melia）はプルメリアのハワイ語です。
歌詞三番に出てくるプーオワイナ（Pūowaina）は、パンチボウルの古語名です。
サビに出てくるケ・クイ・プア（ke kui pua）は糸を通す花、つまりレイにする花のことですね。

ウヒヴァイ
Uhiwai

by Nathan Aweau

どこにあなた　霧よ
呼んでいます　霧が
贈り物はあなた
本当に美しい　エアー

日が暮れていきます
朱色に染まる空
陽が沈む中
待ちます　あなたを

待っています　帰りを
愛するひとを　ここで
わたしはここに
ここにいます　エアー

ウヒヴァイ　ウヒヴァイ
本当に美しい
ウヒヴァイ　ウヒヴァイ
わたしのもとに
ウヒヴァイ　ウヒヴァイ
わたしの心に

作者ネイサン・アヴェアウの英語訳を参考にしました。
ウヒヴァイは重く垂れ込める霧のことです。
ナタリー・アイ・カマウウがカヴァーしていますが、構成を少し変えています。ネイサンはサビが三番のあとの1回だけですが、ナタリーは二番と三番のあとにもう1回入ります。
エアー（'eā）は感嘆詞としてそのまま入れました。

ウルパラクア
'Ulupalakua
by John Pi'ilani Watkins

有名な ここは
ウルパラクア
肌がひんやり 夕暮れは
おうちがある パニオロの

飾る 私のレイ
ウルパラクアの
甘い香り アヴァプヒ
美しい ほんとうに

伝えた お話は
ウルパラクア
肌がひんやり 夕暮れは
おうちがある パニオロの

マウイ島ハレアカラー山のふもとにあるウルパラクア牧場の歌。牧場は標高が高いので、夕方になると気温が下がると歌っています。
パニオロ（paniolo）はカウボーイのことです。
ここに載せているのは一番二番四番で、実はあまり歌われない三番があります。
現在、ウルパラクア牧場にはワイナリーがあって、多くの観光客が訪れています。売店の横にある小部屋には古い写真や資料が展示されていて、牧場の歴史に触れることができます。

エ・イケ・イ・カ・ナニ・ア・オ・ホーポエ
E ʻIke I Ka Nani A ʻO Hōpoe

by Frank Kawaikapuokalani Hewett

目にする 美しい ホーポエを
彼女は 揺れる 踊る ナーナーフキで

*愛する 大切な
大切に この胸に
この胸の ぬくもり
ぬくもり 愛を込めた

しとやかに踊る その浜辺で
海は 波でうねる ハーエナの海

*繰り返し

ここ プナは 静けさの中
踊る 女性 とても優雅に

*繰り返し

愛する 冷たさ ワイコオリヒリヒの泉
水が あふれる 目から レフアの

*繰り返し

*繰り返し

ペレとヒイアカは、ナーナーフキの海岸で優雅にフラを踊る女性を初めて見ます。それがホーポエでした。ヒイアカとホーポエは親友になり、ホーポエはヒイアカにフラを教えたのでした。
最後の"水があふれる、目から、レフアの"の部分は、作者カワイカプオカラニ・ヒューエットの英訳を参考にしています。ハーエナの海岸にあったワイコオリヒリヒの泉は、レフアが流した涙でできたという伝説に基づいています。

エ・イケ・イ・カ・ナニ・ア・オ・ポリアフ
E ‘Ike I Ka Nani A ‘O Poli‘ahu

by Frank Kawaikapuokalani Hewett

目にする　美しい
ポリアフを
彼女は　寒さの中
露に濡れる　マウナケアの

気高い　女性
聖なる山に
飾る　マーマネの木
実を食べる　鳥のパリラ

求める　水を
濡らすため　肌を
水は　冷たい
霧雨　リリノエの

霧は　あなたの愛
包む　この胸を
恋人　静かに暮らす
守られて　かかる雲に

伝える　美しい
ポリアフを
彼女は　寒さの中
露に濡れる　マウナケアの

マウナケア山に住む雪の女神ポリアフの伝説は、作者ヒューエットにとって大切なテーマのようです。
リリノエはポリアフの妹の名前でもあります。
鳥のパリラはハワイ固有の鳥。マーマネの実やつぼみ、若葉を食べます。

エイ・ネイ
Ei Nei
by Lena Machado

大好きよ　あなた
愛しいひと　ダーリン
誰もいない　代わりは
ダーリン

夜のとばりが　落ちて
聞こえる　甘いささやき
よみがえる　甘い記憶
あなたの

道に迷う　あなたなしでは
世界は青ざめちゃう
だからあなたを求める
あなたを　あなたを　あなただけを

愛しいひと　ダーリン
あなたには　私だけ
誰もいない　代わりは
ダーリン

ハワイのソングバード、レナ・マシャード 1948 年の作。
彼女は夫のルチアーノを、いつもエイ・ネイと呼んでいました。エイ・ネイは英語のダーリンにあたるので、そのままダーリンにしてみました。
サビがあけたあと、後半一行目の "愛しいひと　ダーリン（e kuʻu aloha, ei nei）" を "大好きよ　あなた (aloha wau iā ʻoe)" と歌うバージョンがありますが、載せている歌詞がオリジナルです。
ライアテアは、オリジナルの歌詞で歌っています。

エ・オー・マイ
E Ō Mai
by Keali'i Reichel

ふたり 水の中
水は響く カフアロアで
とどめる 水を 噴くのを
愛しいひとよ
こたえて

押さえる 水を
水は湧く あふれる 胸に
流れる 水が 泡立って
愛しいひとよ
こたえて

放つ 水を
水は熱く 痛める 肌を
飲み干す 水を たっぷりと
愛しいひとよ
こたえて

ポエティックな歌。一方で、とてもセクシャルでもあります。
ここでの水は、感情の現れ。同時に、セクシャルな行為の比喩です。はじめ、歌の主人公は愛の感情を押しとどめています。相手には、自分の思いに応えてほしいと願いながら。やがて、とうとう感情を解放させるときが来ます。そして、ふたりは心ゆくまで愛し合うのでした。

エ・クウ・スウィート・レイ・ポイナ・オレ
E Ku'u Sweet Lei Poina 'Ole

by Emma Alexandria K. De Fries

<small>4 1 2 3 4　1 2　3 4 1 2 3 4 1 2 3 4</small>
すてきな　レイ　忘れはしない
<small>1 2 3 4 1 2　3 4 1 2 3 4　1 2 3</small>
レイは美しい　最上の
<small>4 1 2 3　4 1 2 3　4 1 2 3 4 1 2 3</small>
決して　枯れない花　あなたは
<small>4 1 2 3 4　1 2　3 4 1 2 3 4　1 2 3</small>
すてきな　レイ　忘れはしない

<small>4 1 2 3　4 1 2 3　4 1 2 3 4 1 2 3</small>
この花　きれいなレイ　しぼみはしない
<small>4 1 2 3　4 1 2　3 4 1 2 3 4　1 2 3</small>
命は　永遠　私のレイ
<small>4 1 2 3 4 1 2 3　4 1 2 3 4 1 2 3</small>
ここで待っています　あなたを
<small>4 1 2 3　4 1 2 3　4 1 2 3 4　1 2 3</small>
戻って　ふたり　結ばれましょう

<small>4 1 2 3 4　1 2　3 4 1 2 3 4　1 2 3 4</small>
すてきな　レイ　忘れはしない

オロマナは、ジェリー・サントスとロバート・バーモントのふたりによって1973年に結成されました。「エ・クウ・スウィート・レイ・ポイナ・オレ」は、彼らのサードアルバム「Come To Me Gently」(1981)に初めて収められました。アルバムの解説には、1980年1月、ロバート・バーモントの誕生日に、アンティ・エマが彼に贈った歌、と書いてあります。

エ・クウ・トゥトゥ
E Kuʻu Tūtū

lyrics by Mary Kawena Pūkuʻi, music by Maddy K. Lam

大好き おばあちゃんが
とってもやさしいんです
いつも聞こえてきます
彼女の呼んでる声

ホロクーの生地はキャラコ
ムウムウは袖が広め
ネッカチーフはシルク
彼女の衣装 いつもの

縫うのはパッチワーク・キルト
編んで作る 帽子を
糸でレイに 香る花を
それが彼女の楽しみ

ここが彼女のお部屋
揺り椅子は大きいんです
その子でくたくたに
彼女のレイ お孫さん

話してきた物語
おばあちゃん 大好き
いつも聞こえてきます
彼女の呼んでる声

「アロハ・ウィーク・フラ」で書いた通り、トゥトゥ（tūtū）は祖父と祖母の両方を指しますが、ここでは祖母を歌っています。
現在ハワイ語にtはありませんが、古いハワイ語表記の名残でtを使うことがあります。トゥトゥの正式な単語はkを使うクークー（kūkū）です。
キャラコはハワイ語でカラコア（kalakoa）、インド伝統の柔らかい綿生地のことです。

エ・クウ・レイ
E Ku'u Lei
by Robert Cazimero

_{41234123　41234123}
私のレイ　私のレイよ
_{41234　12　341234　123}
愛する　レイ　大切な

_{41234123　41234123}
ここで私は　待っています
_{41234　12341234　123}
戻って　共に結ばれる

_{41234　123}
その愛　私に
_{4123　412}
大事に　いつくしむ
_{341234 12}
季節が
_{341234　123}
過ぎようと

_{41234123　41234123}
私のレイ　私のひとよ
_{41234　12　341234　123}
愛する　レイ　大切な

_{4123　4123}
あなたに　ひとつ
_{4123　412}
お願い　心から
_{34　12341}
聞いて　あなた
_{2341234 1}
お願いだから
_{2341234 1}
私のレイ
₂₃₄₁₂₃₄
私のレイよ

ロバート・カジメロ初期の作品です。何度もレイが出てきますが、それはもちろん愛するひとのこと。サビ3行目の"聞いて　あなた"のハワイ語は'Auhea 'oe。めずらしく歌の頭にアウヘア・オエが来ません。ここでは"聞いて　あなた"と訳していますが、詳しくはコラム「対訳の小道　その5」(p.209)をご覧ください。

エ・ピリ・マイ
E Pili Mai

lyrics by Larry Lindsey Kimura, music by Peter Moon

どこにいるの あなた
レイよ 夜の
夜は寒く ひとりきり
愛する人よ 結ばれましょう

もしあなたと わたしが
火を見たら マカナ山の
それは贈り物 愛の証
いつも共に あなたと私
愛する人よ 結ばれましょう

カウアイ島の海沿いにあるマカナ山。その小さな山に残る伝説をもとにしています。
夜、たいまつをマカナの頂上から放ります。たいまつは吹き上げる風に乗って海岸まで運ばれ、浜で見事にキャッチできたら恋が成就するそうです。たいまつを素手でつかむから火傷します。でも、それは愛のしるしなんですね。
歌詞はもともと、ここに載せた一番しかありませんでした。ところが、作詞者のラリー・キムラがナープア・グレイクのハーラウのために二番三番を書き下ろし、2013年にメリー・モナーク・フェスティバルで演奏されました。そのバージョンは後に、ナープア・グレイクのアルバムに収録されています。

エ・フリ・マーコウ
E Huli Mākou
by David Chung

まわる　まわる　みんなで
まわる　まわる　みんなで
その目　その手
全身を使って
アロハ表そう

前に　前に　みんなで
前に　前に　みんなで
その目　その手
全身を使って
アロハ表そう

後ろ　後ろ　みんなで
後ろ　後ろ　みんなで
その目　その手
全身を使って
アロハ表そう

お話　伝えました
まわる　まわる　みんなで
その目　その手
全身を使って
アロハ表そう

作者のデビッド・チャンは、ハワイ島カイルア・コナ出身。1932年に生まれて2005年に73歳で亡くなりました。亡くなったときは、すでに7人のひ孫がいました。デビッド・チャンが作ったこの歌が、彼の家族、子供たちに連綿と受け継がれていることを想像すると、心が温かくなります。

エ・ホイ・イ・カ・ピリ
E Hoʻi I Ka Pili

by Kealiʻi Reichel

一緒になろう　恋人よ
近くに来て　くつろいで
愛しい人
愛し合おう　ふたりで

レイはあなた　私を飾る
レイの香り　ひきつけられる
愛しい人
深いキスを　ふたりで

潮騒の音　カハクロアで
しぶきがあがる　崖のそばで
愛しい人
ずぶ濡れに　ふたりで

伝えました　恋人よ
近くに来て　くつろいで
愛しい人
愛し合おう　ふたりで

二番の"私を飾る"のハワイ語は no kuʻu nui kino で、直訳は"私の全身のために"です。
また、"深いキスを"のハワイ語は E hanu lipo で、直訳は"深く息を吸う"です。ハワイの伝統的なキスは、鼻と鼻をくっつけて息を交換します。その行為を表しているのでキスと意訳しました。
三番に出てくるカハクロアは、マウイ島西部にある地名です。狭い海沿いの道を進むと、谷間にタロイモ畑が広がった村が見えてきます。カハクロアの自然の中で暮らす人々は、ハワイの伝統的な生活を守り続けています。

エ・リリウ・エー
E Lili'u Ē

rylics by Antone Ka'o'o, music by John Kaulia

1 2 3 4 1 2 3 4
リリウ王女が
1 2 3 4 1 2 3 4
美しくお座りに
1 2 3 4 1 2 3 4
あなたのお姿は
1 2 3 4 1 2 3 4
かわいいお人形

1 2 3 4 1 2 3 4
あなたのお目々
1 2 3 4 1 2 3 4
キラキラ輝き
1 2 3 4 1 2 3 4
あなたのほっぺは
1 2 3 4 1 2 3 4
とてもふっくら

1 2 3 4 1 2 3 4
あなたのお肩
1 2 3 4 1 2 3 4
扇のように揺れ
1 2 3 4 1 2 3 4
あなたのお胸は
1 2 3 4 1 2 3 4
とても柔らか

1 2 3 4 1 2 3 4
あなたのお膝
1 2 3 4 1 2 3 4
モイの鼻のよう
1 2 3 4 1 2 3 4
あなたがおみ足を
1 2 3 4 1 2 3 4
あげていると

1 2 3 4 1 2 3 4
告げました
1 2 3 4 1 2 3 4
このお話を
1 2 3 4 1 2 3 4
リリウ王女が
1 2 3 4 1 2 3 4
美しくお座りに

1 2 3 4　　1 2 3 4
お返事を　リリウよ
1 2 3 4 1 2 3 4
あなたのお名前を
1 2 3 4 1 2 3 4
王国の旗のもとに
1 2 3 4 1 2 3 4
ここハワイの

カメハメハ一世の娘キーナウのために詠まれたチャントがもとであり、のちにカラーカウアの妹リリウに捧げられました。

四番に出てくるモイは、王族だけが食べることを許された魚。その鼻先は、かわいくチョコンととんがっています。

最後のバースに ka hae kalaunu ということばが出てきます。意味は、"王冠の旗"。それはハワイ王国旗のこと。この詩は、リリウをハワイ王国を担う次世代の女性として讃えています。実際、リリウはリリウオカラニと名前を変え、後に第八代国王になったのでした。

エレウ・ミキミキ
'Eleu Mikimiki

by Charles E. King

あなたがすること
いつも
のんびり屋だから
チャンスを逃すわ
のんびり屋だから
チャンスを逃すわ

でも言い訳するあなた
"もう教わったから
素早く動けば
ものにできるんだろ
素早く動けば
ものにできるんだろ"

いないわ　他には
だれも
あなたみたいなひとは
あまりに不器用
あなたみたいなひとは
あまりに不器用

恥じらいは捨てて
起きてあなた
あなたは笑うの
あなたが一番なのよ
あなたは笑うの
あなたが一番なのよ

知ってるでしょ
あなた
美しい　他にない
フェザーレイ　マモ鳥の
美しい　他にない
フェザーレイ　マモ鳥の

あなたの話よ
聞かされたのは
素早く動けば
ものにできるのよ
素早く動けば
ものにできるのよ

恋に消極的なひとの歌です。それは男かもしれませんし、女かもしれません。ここでは男で訳してみました。そうしたら、おもいきり草食系男子の話に。そんな彼にやきもきして、もっとちゃんと口説いて、とせまる彼女は肉食系。まるで、現代の恋愛事情を風刺したような内容になってしまいました。でも、この歌の発表は1930年。19世紀生まれのチャールズ E キングの作。まあ、煮え切らない男は、いつの時代にもいるということで……。

対訳に際しては、ケアウホウの CD に載っている英訳を参考にしました。

47

エ・ワイアナエ
E Wai'anae

lyrics by Randy Ngum, music by Kenneth Makuakāne

　　1 2 3 4　　　1 2　　3 4 1 2 3 4　1 2 3 4
ご挨拶　あなたに　ワイアナエ
　1 2 3 4　　1 2 3　　4 1 2 3 4　1 2 3 4
登ろう　木陰の中　ククイの
　　3 4 1 2 3 4　1 2 3 4　　1 2 3 4
求めるのはマイレ　とても大切な
　　1 2 3 4　　　1 2 3 4 1 2 3 4
香りがただよう　そよ風に乗って

　　1 2 3 4　　1 2　　3 4 1 2 3 4　1 2 3 4
ご挨拶　山から　ワイアナエ
　　1 2 3 4 1 2　　3 4 1 2 3 4　1 2 3 4
たくさん茂る　シダのパライ
　　1 2 3 4 1 2　　3 4 1 2 3 4 1 2 3 4
シーツのように覆う　その谷を
　1 2 3 4　　1 2 3 4 1 2 3 4
雨のキス　凍える肌

　　1 2 3 4　　1 2　　3 4 1 2 3 4　1 2 3 4
アロハ　崖に　ワイアナエ
　　1 2 3 4 1 2　　3 4 1 2 3 4　1 2 3 4
この手にしっかり　好きな香りを
　　1 2 3 4 1 2　　3 4 1 2 3 4
マイレの香りが　ククイと共に
　1 2 3 4 1 2　　3 4 1 2 3 4
レイになって飾る　この胸を

　1 2 3 4　　　1 2　　3 4 1 2 3 4　1 2 3 4
作ります　ここに　愛を込め
　1 2 3 4 1 2　　3 4 1 2 3 4　1 2 3 4
美しい緑で　この大地の
　1 2 3 4　　1 2　　3 4 1 2 3 4 1 2 3 4
編み込む　マイレを　パライと共に
　1 2 3 4 1 2　　　3 4 1 2 3 4
そして挨拶　愛を込めて

ケネス・マクアカーネ率いるパンダナス・クラブの代表曲。クムフラのランディ・ナムが書いたチャントに、ケネスがメロディをつけました。
オアフ島ワイアナエの山に、レイを編むためのマイレの葉とシダのパライを採りにいく話として訳しました。
毎回挨拶をしていますが、ハワイではレイとなる草を採るとき、チャントを唱えます。それを表しているのかもしれません。
三番の冒頭に出てくる歌詞アロハも挨拶のことばとして、そのままアロハとしました。

オアフ
O'ahu
traditional

　　　　4 1 2 3 4 1 2 3 4　　1 2 3 4 1 2 3
　　マーノアは美しい　すてきな眺め
　　　4 1 2 3　　　4 1 2　　3 4 1 2 3 4
　　アーチを　かける　その虹

　　　　4 1 2 3　4 1 2 3 4　　1 2 3 4 1 2 3
　　ワイキキの海　きらめいている
　　　4 1 2 3　　4 1 2　　3 4 1 2 3 4
　　その水　大好き　心から

　　　　4 1 2 3　4 1 2 3 4　　1 2 3 4 1 2 3
　　ヌウアヌの風が　そっと運ぶ
　　　4 1 2 3　　4 1 2　　3 4 1 2 3 4
　　香る　この花　アヴァプヒ

　　　4 1 2 3　　4 1 2 3 4　　1 2 3 4 1 2 3
　　マキキ　家がある　鳥たちの
　　　4 1 2 3　　4 1 2　　3 4 1 2 3 4
　　すてきに　はばたく　大空に

　　　4 1 2 3 4 1 2 3 4　　1 2 3 4 1 2 3
　　伝えました　お話を
　　　4 1 2 3　　4 1 2　　3 4 1 2 3 4
　　オアフ　ここは　アロハの島

オアフ島のさまざまな観光地が歌われています。
歌詞一番、ハワイ大学がふもとにあるマーノアは、虹の女神カハラオプナ伝説が残る谷。多くの観光客が訪れるマノア・フォールズ・トレイルがあります。歌詞二番のワイキキ、こちらは説明はいりませんね。三番、ヌウアヌ・パリにある絶景の展望台は、観光コースの定番です。四番、マキキの山側には、ワイキキが一望できる人気スポット、タンタラスの丘があります。また、マキキ渓谷にはトレイルがあります。四番に出てくる単語のエア（ea）をどう訳すかで解釈が分かれます。その箇所に関しては、ライアテアのCDに載っている英訳を参考にして"はばたく"としました。
ちなみに、ライアテアは歌の冒頭で"オアフ、ここはアロハの島"の一節を歌っています。

49

オハイ・アリイ・カルヘア
'Ohai Ali'i Kaluhea
by Kuana Torres Kahele

オハイ・アリイ
香しい花
素敵なレイ　貴い
天からの
美しいあなた
かけがえのない
愛するレイ　金のレイ
王族の

＊絡める
　赤のオハイ　黄色のオハイ
　編み込む　愛を
　レイの飾りに

たおやかな花
聞いてあなた
欲しい　あなたが
限りなく
伝えた
私の歌　愛を込めて
愛するレイ　金のレイ
王族の

＊繰り返し

〜二番

オハイ・アリイ
香しい花

構成はホルナペの音源に基づいています。

歌詞中のレイ・クラ (lei kula) ですが、クラにはゴールドの意味があるので、ここでは"金のレイ"としてみました。サビの"黄色のオハイ"は、追っかけコーラスの部分です。

作者のクアナ・トレス本人によると、彼は19才のときにハワイ島ヒロを離れ、ワイキキのホテルで演奏を始めました。その時に出会った女性のことを、オハイ・アリイの花に込めて書いたそうです。しかし、残念ながらこの歌を贈る前に、彼女はアメリカ本土へ行ってしまったのでした。それを後にホルナペがレコーディング、大ヒットしました。

オールド・プランテーション
Old Plantation
lyrics by Mary Jane Montano, music by David Nape

<small>4 1 2 3 4 1 2　　3 4 1 2 3 4 1 2</small>
こみあげてくる　愛しい思い
<small>3 4 1 2 3　　4 1 2 3　　4 1 2 3 4 1 2</small>
建物は　包まれる　香りに
<small>3 4 1 2 3　　4 1 2 3 4 1 2 3</small>
泉は　澄んで冷たい
<small>3 4 1 2 3　　4 1 2 3 4 1　2 3 4　1 2 3</small>
水はねる　水車が
<small>4 1 2 3　　4 1 2 3 4 1 2 3 4</small>
ここに　望んだものが
<small>4 1 2 3　　4 1 2 3 4 1 2 3 4</small>
求めた　心の底から

　　　　　<small>1　　2　　3　　4　　1　　2</small>
＊オールド・プランテーション
　<small>3 4 1 2 3 4 1 2　3 4</small>
すてきなあなた
　<small>1 2 3 4 1 2　　3 4 1 2 3 4 1 2　3 4</small>
家のぬくもり　愛あふれた
　<small>1 2 3 4 1 2 3 4　　1 2 3 4 1 2 3 4</small>
心地よい　ヤシ林
　<small>1 2　　3 4 1 2　　1 2 3 4　1 2 3 4</small>
抱かれる　甘い香りに

<small>4 1 2 3　　4 1 2 3 4 1 2 3 4 1 2</small>
柔らかな　香りのその花
<small>3 4 1 2 3　　4 1 2 3　　4 1 2 3 4 1 2</small>
濡らされていく　露に
<small>3 4 1 2 3　　4 1 2 3 4 1　2 3 4　1 2 3</small>
安らぐ　鳥たちがそこで
<small>4 1 2 3　　4 1 2 3 4 1 2　3 4　1 2 3</small>
愛し合う　ヤシの葉陰で
<small>4 1 2 3　　4 1 2 3 4 1 2 3 4　1 2 3</small>
垂れた　パライが重なり合う
<small>4 1 2 3　　4 1 2 3　4 1 2　3 4　1 2 3 4</small>
心地よい　オールド・プランテーションで

＊繰り返し

1880年代に建てられた、オールド・プランテーションと呼ばれたワード夫妻の所有地を歌っています。
その敷地は広大で、海側にフィッシュポンド、山側には農園と大邸宅がありました。
また、湧き水が出る井戸があり、ヤシが何千本もあったとか。
現在、そのエリアはホノルルのワード・アヴェニューに沿ったあたり。井戸があった場所は、ニール・ブレイズデル・センターになっています。
土地の愛称なので、オールド・プランテーションは訳さずにそのままにしました。
二番を歌わない音源も多いですが、ここでは載せました。
その二番で愛し合うのは誰？　想像を膨らませることができますね。
パライ（palai）はシダの一種です。
ハワイ語の曲名は「クウ・ホメ（Ku'u Home）」です。

対訳の小道
Ke ala iki no ka unuhi
その1

　本書の特徴は、訳し下げにあります。訳し下げとは、文章を頭から順番に訳すことです。しかし、一般的な対訳は訳し上げです。訳し上げとは、後ろのことばを前に持ってきて自然な文章にすること。日本語と外国語では、文章の構成が違うからです。例えば、英語の「I go to the sea」。訳し下げするとこうなります。

　　　　　　　I go to the sea.
　　　　　　　私は行きます　海へ

　これを訳し上げに変えると「私は海へ行きます」。動詞（行きます）と目的語（海へ）を入れ替えます。こちらのほうが自然ですね。でも、「私は行きます　海へ」でも、それほど違和感はありません。

　では、ハワイ語の場合はどうなるでしょうか？　同じ文章のハワイ語は「Hele au i ke kai」。訳し下げするとこうなります。

　　　　　　　Hele au i ke kai.
　　　　　　　行きます　私は　海へ

　ハワイ語では動詞が最初に来ます。訳し上げと比べてみましょう。

　　　　訳し下げ：行きます　私は　海へ
　　　　訳し上げ：私は　海へ　行きます

　ことばの順番がバラバラですね。このように、ハワイ語の訳し下げは単語のブツ切りみたいになります。しかし、フラダンサーの側に立つと、不自然であっても「行きます　私は　海へ」のほうが踊れます。フラは、歌詞に沿ったハンドモーションですから。でも、対訳としてはクエスチョン・マーク。では、どうすれば訳し下げのままで、自然な文章に近づけることができるか。そこが"踊れる対訳"の重要なポイントになりました。

カ行のメレ

カア・ナー・アレ
Ka'a Nā 'Ale

Hawaiian lyrics by Kellen Paik, music by Tatsurou Mashiko

見上げた 空に
誘われた君 異国へと
話す 私に
寄せる波に乗って 戻ると

レイの花 あなたに
愛しの花 咲いてる

*天まで届くよう
この願い 心から
どうか聞いてあなた ここで
愛しいレイよ
満たして 甘い香り
天頂から 地平まで

過ぎゆく 太陽
聞いて声を 多くの呼びかけを
私も ついていこう
打ち寄せる波と ともに

レイの花 あなたに
愛しの花 咲いてる

*繰り返し

天頂から 地平まで

一青窈の「ハナミズキ」のハワイ語版です。対訳に際しては、クアナ・トレスのCDにある英訳を参考にしました。
プア・レイ（pua lei）は文字通りレイに使われる花のことですが、レイのように身につけていたい愛しい花のことでもあります。この言葉は2回出てきますので、訳し方を変えてみました。
クーリア・イ・カ・ヴェーキウ（kūlia i ka wēkiu）はベストを尽くすの意味ですが、ちょっと意訳して"天まで届くよう"としてみました。
歌の背景を知らないと理解しづらい世界観が歌われています。「ハナミズキ」は一青窈がアメリカの911に影響されて歌詞を書いたそうです。「カア・ナー・アレ」はその返歌として、日本の311への思いを込めていると聞いたことがあります。

カイマナ・ヒラ
Kaimana Hila
by Charles E. King

　　　⁴¹²³　　⁴　¹　²　　³⁴¹²³⁴¹²³⁴
　　外に　みんなで　昨日の夜は
　　　¹²³　　⁴¹²　　³⁴¹²³⁴
　　見た　美しい　カイマナ・ヒラ
　　　¹　²　　³⁴¹²³⁴　　¹　²　　　⁴¹²¹²³⁴
　　カイマナ・ヒラ　そびえる　空に

　　　⁴¹²³　　⁴　¹　²　　³⁴¹²³⁴¹²³⁴
　　外に　みんなで　ワイキキに
　　　¹²³　　⁴¹²　　³⁴¹²³⁴
　　見た　すてきに　波に乗るのを
　　¹²³⁴¹²³⁴　　¹　²　　³⁴¹²¹²³⁴
　　波に乗る　滑る　滑らかに

　　　⁴¹²³　　⁴　¹　²　　³⁴¹²³⁴¹²³⁴
　　外に　みんなで　カピオラニ公園へ
　　　¹²³　　⁴¹²　　³⁴¹²³⁴
　　見た　すてきな　競馬場
　　¹²³⁴¹²³⁴　　¹　²　３　　⁴¹²¹²³⁴
　　競馬場　くたくた　体　が

　　　⁴　¹　２　３　⁴¹２　　³⁴¹²³⁴¹²³⁴
　　伝えました　お話を
　　　¹²³　　⁴¹２　　³⁴１２３４
　　見た　美しい　カイマナ・ヒラ
　　　¹　²　　³⁴¹２３⁴　　¹　２　３　　⁴¹²¹²³⁴
　　カイマナ・ヒラ　そびえる　空に

カイマナ・ヒラはダイヤモンド・ヘッドのハワイ語名です。対訳では、そのままカイマナ・ヒラにしています。カイマナがダイヤモンドです。では、ヒラがヘッドかと思いきや、丘のこと。ヒラは英語 hill からの外来語です。かつて、ダイヤモンド・ヘッドはダイヤモンド・ヒルと呼ばれていました。確かに、見た目は山というより丘っぽい気もします。それで、ダイヤモンド・ヒルからカイマナ・ヒラに。後に英語名はダイヤモンド・ヘッドへ変わりましたが、ハワイ語名は"ダイヤの丘"のまま残ったのでした。

二番"波に乗る"は意訳しています。ハワイ語は papa he'e nalu、これはサーフボードのことです。

三番には戦前、カピオラニ公園にあった競馬場が出てきますが、ポロといった上流社会の競技用のレーストラックだったようです。

カイムキー・フラ
Kaimukī Hula

by Alice M. Rickard

ここで私が 打ち明けます
ピューっと風が吹く
つらい恋バナ 涙ものの
ピューっと風が吹く

大切にして 羽毛のレイを
ピューっと風が吹く
雨に濡れたら その美が台無し
ピューっと風が吹く

気にならない距離 カイムキーまでは
ピューっと風が吹く
心の反映 したいのだから
ピューっと風が吹く

いったい何なの 電話してきて
ピューっと風が吹く
リンリンと鳴る こんな夜更けに
ピューっと風が吹く

伝えてきた お話でした
ピューっと風が吹く
二人にとっては もう過ぎたこと
ピューっと風が吹く

ワイキキ郊外の町カイムキー。その住人である作者が、地元で起きたゴシップを歌にしたのだとか。それは、カイムキーの女性のもとへ通う男性とのスキャンダル。ピューっと吹く風は、吹き荒れるゴシップを示唆しているそうです。

さまざまな解釈があると思いますが、歌の主人公を女性、三番だけは男性のことばとして訳してみました。一番の 'u'umi ke aloha は少し面白く "つらい恋バナ" としてみました。

三番の ke ana 'iliwai ko'u makemake を直訳すると "したいことを水平器で計る"。ここでは、どんな困難があろうと彼女のもとへ行く、という男性の意思表示と捉えて意訳しています。

気になるのが四番の電話。何を話したかったのでしょう。もしかしたら、別れを伝える電話……。

1942年に著作権登録されています。

カウアノエアヌヘア
Kauanoeanuhea
by Kealiʻi Reichel

いったいどこに あなた
カウアノエアヌヘアよ
(霧雨 爽やかな香りの)
探したけれど 香りを
できない 手にするのは

たぶんあなたは 上に
陰の中 マウナレオの
飾るのは 山の上
上を カーネホアの

やさしい風 マーリエが
運んでくる 愛しいひとを
愛を込めて 抱きしめる
いつまでも永遠に

ここに 愛するひとが
カウアノエアヌヘアよ
飾るのは 山の上
上を カーネホアの

ファーストアルバムに収められた、ケアリイ・レイシェル初期のヒットソング。
カウアノエアヌヘアは名前ですので、訳ではそのままにして意味を ( ) に入れました。
ケアリイが、マウイ島イーアオ渓谷のふもとに住んでいた頃に書かれた歌です。カーネホア(Kānehoa)は、
イーアオ・ニードルの別名です。

カウオハ・マイ
Kauoha Mai
by Lena Machado

1 2 3 4 1 2 3 4
ノックする私
1 2 3 4 1 2 3 4
閉まってるドアを
1 2 3 4 1 2 3 4
しっかり中から
1 2 3 4 1 2 3 4
鍵がかかってるわ

1 2 3 4 1 2 3 4
のぞいてみたら
1 2 3 4 1 2 3 4
その鍵穴から
1 2 3 4 1 2 3 4
口づけしている
1 2 3 4 1 2 3 4
キスは私のなのに

1 2 3 4 1 2 3 4
何をしているの
1 2 3 4 1 2 3 4
涙が出るわ
1 2 3 4 1 2 3 4
濡れてしまう
1 2 3 4 1 2 3 4
私のまつげ

1 2 3 4 1 2 3 4
伝えたできごと
1 2 3 4 1 2 3 4
ひどい人でなし
1 2 3 4 1 2 3 4
鍵をかけるなんて
1 2 3 4 1 2 3 4
呼んでおきながら

呼んでおいて浮気するなんて、どんな神経の持ち主？　と思ってしまいます。作者レナ・マシャードによると、これは友人の経験談だそう。
二番4行目のkou ihu kapu、直訳は"あなたのキスはカプ"です。カプは禁じること、つまり、他人には禁止ということですから"私のなのに"と意訳しました。
ライアテアなどが歌っている一般的な歌詞で訳しましたが、実はレナ・マシャードのオリジナルは歌詞が多少違います。

カ・ウルヴェヒ・オ・ケ・カイ
Ka Uluwehi O Ke Kai
by Edith Kanaka'ole

愛しい この眺め
海原が 広がっている
愛するところ 大切な
香りと共に リーポアの

リーポアが 浜の上に
浜はキラキラ 光ってる
太陽で熱い 踏んでいくと
思わないで 賢いとは

そそられる リムコフに
はりついて 磯の上に
ほらあそこにも みーつけた！
揺れている あちこちで

伝えました お話を
リーポアと リムコフの
あなたも仲間 パーヘエよ
まぜましょう リーパルも

歌詞二番は、日差しで熱くなった砂浜で、海藻を拾うのは賢くないと歌っています。本当は、太陽が低くて砂が熱くない朝の内に取るはずだったのでしょうね。
リーポア、リムコフ、パーヘエ、リーパルといった、さまざまな海藻が登場します。
ハパのバージョンでは、終わりに以下の歌詞が入ります。
　また来て ここに ご馳走の土地 タロイモがある ハワイアンの
タロイモのことを歌った別の歌の一節です。"タロイモがある"は意訳。ハワイ語は iwikuamo'o（血のつながった家族）で、これをタロイモと捉えました。ハワイでは、タロイモとハワイアンは兄弟、という考えがあります。

カ・エハ・ケ・アロハ
Ka 'Eha Ke Aloha

by Frank Kawaikapuokalani Hewett

ここにいます　恋人よ
はるか　山の上に
かじかむ雨は　リリノエ
寒い　マウナケア

*涙が　つらくて
　好きだから　恋人よ
　涙が　つらくて
　愛してるから

あなたはキロハナ　体を包む
大切に　胸の中に
思い出が　温めてくれる
さみしい夜　あなたなしの

*繰り返し

夢のせいで　起きてしまった
その夜は　淡い月明かり
ふと現れた　愛しいひと
見るのがつらい　この心

*繰り返し

美しいハーマークア　咲き誇るレフア
あふれる喜び　崖の前で
そこでふたりは　結ばれた
あなたの愛は　いつまでも

*繰り返し

マウナケア山に住む雪の女神ポリアフと、カウアイ島のアリイ、アイヴォヒクプアとの悲恋がテーマです。
同じ作者が書いた「ポリアフ」の連作のような位置づけになっています。
リリノエはマウナケア山に降る雨の名前。
キロハナ（kilohana）は、高級なタパの織物のことです。
三番"あなたなしの"のハワイ語は ipo 'ole、直訳は"恋人がいない"です。
ハマクア・コーストは、正確にはハーマークアと発音します。

カナナカ
Kananaka
by Kauhailikua

吹いてくる　マアアの風
運んでいくのは　その香り
誘う香りは　リーポア
あなたは取る　たっぷりと
あなたは取る　たっぷりと

＊美しい　砂州の浜
　たっている波は　カナナカの
　私たちの　波乗りの場所
　しぶきあがる　海から
　しぶきあがる　海から

お月さまが　正面に
ぽっかり浮かぶ　崖の上に
霞がかかって　魅惑的
ぞくぞくする　この体
ぞくぞくする　この体

＊繰り返し

＊繰り返し

ケアリイ・レイシェルの音源に基づいています。
マウイ島ラハイナには人魚伝説があります。ちょっと恐い話で、男のサーファーをたぶらかしてお楽しみをしたあとに、海に引きずり込むのだとか。
一番と二番にはオナオナ（onaona）という単語が出てきます。オナオナには"ひきつけられる"という意味があります。そこで一番は"誘う香り"、二番は"魅惑的"としました。
サビの"砂州の浜"のハワイ語は pu'e one。これは河口などによくできる波打ち際の地形。砂州にはサーフィンにうってつけの波がたちます。
同名異曲があり、アレアのバージョンが有名です。

カーネオヘ
Kāne'ohe

by Josh Tatofi

　　　　1 2 3 4 1 2 3　　1 2 3 4 1 2 3
　　　美しさは唯一　太平洋の中で
　　　　1 2 3 4 1 2　　3 4 1 2 3 4 1 2 3 4
　　　そこは名高く　美しい
　　　　1 2 3 4 1 2 3　　4 1 2 3 4 1 2 3
　　　　素晴らしい　カーネオへ

　　　　　4 1 2 3　　　4 1 2 3
　　　　求める　美しさ
　　　　4 1 2 3　　4 1 2 3
　　　　そそぐ　雨で
　　　　4 1 2 3 4　1 2 3
　　　　白く霞んでくる
　　　　4 1 2 3 4　1 2 3
　　　　　山が

　　　　　4　1 2 3 4　1 2 3
　　　　素晴らしいカーネオへ
　　　　　4　1 2 3 4　1 2 3
　　　　　マイ・ホーム

　　　　　　　　4 1 2 3　　　4 1 2 3
　　　　　　　輝く月　あなたに
　　　　　　　4 1 2 3　　　4 1 2 3
　　　　　　　すてきだ　平和に
　　　　　　　4 1 2 3 4　1 2 3
　　　　　　　完璧に美しい
　　　　　　　4 1 2 3 4　1 2 3
　　　　　　　　驚きの

　　　　　　　4　1 2 3 4　1 2 3
　　　　　　素晴らしいカーネオへ
　　　　　　4　1 2 3 4　1 2 3
　　　　　　　マイ・ホーム
　　　　　　　4 1 2 3　　4 1 2 3 4
　　　　　　現れる　山の尾根
　　　　　　　4 1 2 3　　4 1 2 3
　　　　　　香りが　漂って
　　　　　　　4 1 2 3　　4 1 2 3
　　　　　　　素晴らしい
　　　　　　4　1 2 3 4　　　4 1 2 3 4
　　　　　　マイ・ホーム　カーネオへ

オアフ島東部の町カネオヘは、正確にはカーネオヘと発音します。
冒頭の歌詞は聞き取りました。以下の通りです。
　　Nani lua 'ole o ka pakipika
　　'Āina kaulana i ka nani
　　Hanohano 'o Kāne'ohe
ルア・オレ（lua 'ole）は "ふたつはない" の意味で、ここでは "唯一" としています。
スタンダードナンバーの同名異曲があります。

カ・ノホナ・ピリ・カイ
Ka Nohona Pili Kai

by BEGIN, Keali'i Reichel & Puakea Nogelmeier

息をかける　海のしぶき
サラサラ揺れる　ティリーフ
声のように香り　漂って
呼びかける　いつでも

　愛しい　愛しい
　愛の思い出　いつも
　美しい　美しい
　すてきな住まい　海の

さまよう思い　真夜中に
眠らせないのは　海の声
めぐる思い出　その愛が
心いやす　いつでも

　*繰り返し

寄り添う家族は　ヤシの木陰
抱きしめてくれる　ポーフエフエ
去ったとしても　姿を変え
飾り抱く　いつでも

　*繰り返し

伝えたのは　海のしぶき
香る息吹　真夜中の
目の前の道　ともに進み
励ます　いつでも

　愛しい　愛しい
　愛の思い出　いつも
　美しい　美しい
　すてきな住まい
　すてき　まさに
　すてきな住まい　海の

日本でBEGINの「涙そうそう」を聞いたケアリイ・レイシェルが、歌詞をハワイ語に変えてカヴァーしました。歌詞はケアリイのオリジナルになっていますが、「涙そうそう」に込められた、亡くした愛する人への愛情というテーマは同じです。「カ・ノホナ・ピリ・カイ」は、亡き祖母の海沿いの家を歌っています。
三番の対訳に関しては、ケアリイのCD英訳を参考にしました。
僕はマウイ島にある、舞台となった家まで行ったことがあります。家の前にはビーチ、そこにはヤシの木陰が広がり、浜にポーフエフエがつるを伸ばして花を咲かせていました。ポーフエフエはハワイのハマヒルガオです。

カハラオプナ
Kahalaopuna
by Robbie Cabral, Manu Boyd & Kenneth Makuakāne

誉れ高き あなた
それは虹 マーノアにかかる
素晴らしき カハラオプナ
愛しい子 雨と
風の

アーチがかかる 広がる空に
美しい景色が いまここに
胸を打たれる 見ていると
束ねられている
愛が

抱かれている マハナに
涼しい洞窟 山の上の
カヴァイアカハラオプナの泉
ここに 感謝を
心から

守り神の プエオが
導いてくれる 命の道へと
美しさは消えない あなた
果てしなく 宿る
この世界に

伝えました 物語を
それは虹 マーノアにかかる
素晴らしき カハラオプナ
愛しい子 雨と
風の

オアフ島マーノアに住む虹の女神カハラオプナの歌。歌詞は伝説の内容に基づいています。
カハラオプナの父は、マーノアに吹く風カハウカニ。母は、雨のトゥアヒネです。そこでプア・レイ（pua lei）は雨と風の"愛しい子"としてみました。
マハナはカハラオプナを助ける若者です。
ふくろうのプエオはカハラオプナの守護神（'aumakua）で、彼女を何度もよみがえらせます。

カ・ヒーナノ・オ・プナ
Ka Hīnano O Puna

by Kainani Kahaunaele

ヒーナノの花　プナでの願い
かき乱される　この心が
手にしたい思い　その愛を
レフアが揺れる　海のそばで

海の潮騒　ハラの茂みから
抱きしめてくれる　私をすべて
プナから吹く風　モアニアラ
運んでくれる　私の願いを

赤く光るプナ　ペレの炎で
噴き出す音が　プウ・オーオーから
炎が噴き上がる　空へと
煙がのぼる　夕方には

伝えました　この話を
花はヒーナノ　プナに香りの壁
繰り返しましょう　この話を
友は安らかに　休む　道で

ハラの木にはオスとメスがあり、ヒーナノはオスに咲く花です。一般的にはヒナノで通っていますが、正確にはヒーナノと発音します。
プウ・オーオーは火の女神が住むキーラウエア火山の火口です。
"プナに香りの壁（Puna paia 'ala）"はプナの土地に対する詩的表現です。

カ・ピリナ
Ka Pilina
by Frank Kawaikapuokalani Hewett

おしゃべり エレパイオの
更けていく その夜に
さえずる アパパネ
その声の 美しさ

*結ばれる ふたり
　結ばれる ふたり

聞こえる 夜明けの
歌声はイイヴィ・ポーレナ
やってくる あの方が
導かれて 鳥たちに

*繰り返し

絶世の美女ラーイエイカヴァイ伝説の冒頭に出てくるエピソードが、この歌の舞台になっています。
カウアイ島のアリイ（王族）の男が、ハワイ島に住むラーイエイカヴァイに会いに行くと、森で待つように言われます。夜になり、いろんな鳥が順番に鳴いていきます。エレパイオやアパパネが鳴き、夜明けになって最後にイイヴィ・ポーレナが鳴くとラーイエイカヴァイが姿を現したのでした。男はカウアイ島に戻り、彼女の美しさを友人のアイヴォヒクプアに伝えます。そして、今度はアイヴォヒクプアが求愛しに行く話につながっていきます。
イイヴィは、鮮やかな赤色の羽毛を持つハワイミツスイ。イイヴィ・ポーレナは"黄みがかった色のイイヴィ"の意味で、イイヴィの若鳥を指します。

カ・プア・アノ・ラニ
Ka Pua ʻAno Lani
by Kuana Torres Kahele

ここにあなたが　寒い雨の中
かじかんでいる　その肌
花は可憐　願いそのもの
優美に

花をいつくしむ　やさしい風が
ときめいてしまう　うれしくて
とても美しい　聖なるひと
まさに

＊私のレイ　愛する
　どこに　あなた
　結ばれる　愛で
　この歌を　あなたに

熱い思いを　私の恋人に
そのレイ　大事な
花は尊く　栄えあるひと
天の

この話を　愛するひとに
レイのため　高貴な
私の花　甘い香りが
鼻に

＊繰り返し

クアナ・トレス・カヘレの作品です。
クアナによると、この歌は以前彼が書いた「オハイ・アリイ・カルヘア」(p.50)のシスターソングだそうです。

カ・プア・ウイ
Ka Pua Uʻi

by Bina Mossman

大好きなあなた　愛しい
真珠のレイ　大切な
一番です　花の中で
おばあちゃんが　大事にするわ

幸せな気持ち　見てると
目はクリクリ　愛らしい
その愛を　この胸に
すてきなレイ　親にとって

伝える名前は　愛しい
きれいなレイ　宝もの
素晴らしいあなた　この目に
かわいいお花　天からの

イズラエル・カマカヴィヴォオレの音源が有名です。
バイナ・モスマンが、孫娘のために書きました。そこで ke kupuna はバイナ自身と捉えて"おばあちゃん"と訳してみました。
バイナ・モスマンは1893年生まれ、1990年に97歳で亡くなりました。1998年にハワイ音楽の殿堂入り（Hawaiian Music Hall Of Fame）をしています。

カ・ポリ・オ・ワイメア
Ka Poli O Waimea
by E. Kaiponohea Hale

_{1 2 3 4 1 2 3 4　　1 2 3 4 1 2}
限りない　この愛を
_{3 4 1 2 3 4 1 2　　3 4 1 2 3 4　　1 2 3 4}
心地よい　キープウプウに
_{1 2 3 4 1 2 3 4　　1 2 3 4 1 2}
抱かれて　ワイメアに
_{3 4 1 2 3 4　　1 2 3 4 1　　2 3 4}
魅力的な　美しさ

_{1 2 3 4 1 2 3 4　　1 2 3 4 1 2}
打ち明けます　この思い
_{3 4 1 2 3 4 1 2　　3 4 1 2 3 4　　1 2 3 4}
濃い霧が　ここ高地に
_{1 2 3 4 1 2 3 4　　1 2 3 4 1 2}
垂れ込める　静かに
_{3 4 1 2 3 4　　1 2 3 4 1　　2 3 4}
奪われます　この目を

_{1 2 3 4 1 2　　3 4 1 2 3 4 1 2}
心がはずむ　星を見るのが
_{3 4 1 2 3 4 1 2　　3 4 1 2 3 4　　1 2 3 4}
寒い中　月の夜に
_{1 2 3 4　　1 2 3 4 1 2 3 4 1 2}
たくさんの　流れ星
_{3 4 1 2 3 4　　1 2 3 4 1　　2 3 4}
感動する　その光景

_{1 2 3 4 1 2 3 4　　1 2 3 4 1 2}
伝えました　このお話を
_{3 4 1 2 3 4 1 2　　3 4 1 2 3 4　　1 2 3 4}
心地よい　キープウプウ
_{1 2 3 4 1 2 3 4　　1 2 3 4 1 2}
抱かれて　ワイメアに
_{3 4 1 2 3 4　　1 2 3 4 1　　2 3 4}
魅力的な　美しさ

カイポ・ハレが、ハワイ島ワイメアの美しさを歌にしました。彼のCD英訳を参考にしています。
彼の音源でイントロに入っているのは「ホレ・ワイメア」という古いチャントで、ロバート・カジメロが詠っています。また、ピアノ演奏もロバートです。
キープウプウはワイメアに降る雨風の名前です。

カ・マカニ・カーイリ・アロハ
Ka Makani Kā'ili Aloha
by Matthew H. Kāne

<small>1 2 3 4 1 2 3　　4 1 2 3 4 1 2 3</small>
好きです　わたしは
<small>4 1 2 3　　4 1 2 3 4 1 2 3 4</small>
風が　有名なこの土地の
<small>1 2 3 4 1 2 3　　4 1 2 3 4 1 2 3</small>
わたしの　大切な
<small>4 1 2 3　　4 1 2 3 4 1 2 3 4　　1 2 3 4</small>
風です　カーイリ・アロハ

<small>　　1 2 3　　　　4 1 2 3　　　4 1 2 3 4 1 2 3</small>
＊わたしの花　そのレイ　大事にします
<small>　　4 1 2 3　　4 1 2 3 4 1 2 3 4</small>
　そのレイ　最上のひと
<small>　　4 1 2 3 4 1 2 3</small>
　大切なあなた
<small>　　4 1 2 3 4 1 2 3</small>
　かけがえのない
<small>　　4 1 2 3　　4 1 2 3 4 1 2 3 4　　1 2 3 4</small>
　レイです　いつでもわたしのため

<small>1 2 3 4 1 2 3　　4 1 2 3 4 1 2 3</small>
大好きな　おうちです
<small>4 1 2 3　　3 4 1 2 3 4 1 2 3 4</small>
この家は　快適　来た人には
<small>1 2 3 4 1 2 3　　4 1 2 3 4 1 2 3</small>
わたしは住んで　土地の人に
<small>4 1 2 3　　4 1 2 3 4 1 2 3 4</small>
風です　カーイリ・アロハ

＊繰り返し

カ・マカニ・カーイリ・アロハは"愛を奪い去る風"という意味です。
訳では"カーイリ・アロハの風"と固有名詞扱いにしてみました。
二番のマリヒニ（malihini）は、この土地に越してきた歌の主人公と捉えました。"来たときはよそ者だったが、今はすっかり地元の住人になった。それは、このカーイリ・アロハの風が吹く土地が好きだから"という解釈です。
その風にまつわる伝説は有名です。家族を残し、突然マウイ島から風と共に姿を消した妻。夫は自分の声をひょうたんに詰めて、マウイの海に流します。ひょうたんはオアフ島にいた妻のもとに届き、夫の声を聞きます。そして彼女は、無事、家族のもとへ戻ったのでした。
マウイ島東部へ行ったときのことです。左手に海を見ながら崖に沿った田舎道を走っていたら「キーパフル：カ・マカニ・カーイリ・アロハの地」と書かれた標識が現れました。車を路肩に駐めて外に出ると、かなり強い海風が吹いてました。これが愛をさらったのか……なんて想像しながら、しばし風に吹かれたのでした。

カ・マヌ・キーカハ・オル
Ka Manu Kīkaha ʻOlu

by Chad Takatsugi

　　　1　2　3　4　　　1 2 3 4　1 2 3 4 1 2 3 4
　　ここは山の　森の中
　　　1　2　3　4　　　1 2 3 4　1 2 3 4 1 2 3 4
　　一羽の鳥が　歌いかける
　　　1　2　3　4　　　1 2 3 4　1 2 3 4 1 2 3 4
　　聞こえてくる　さえずりが
　　　1　2　3　4　　　1 2 3 4　1 2 3 4 1 2 3 4
　　その鳥が　優雅に舞う

　　　　　1 2 3 4　　1 2 3 4
　　＊暖かな　太陽
　　　　1 2 3 4　　1　　2　　3　　4
　　　濡れて　リーリーレフアの雨に
　　　　1 2 3 4　　1 2 3 4　1 2 3 4 1 2 3 4
　　　美しく上る　香りとともに
　　　　1 2 3 4　　1 2 3 4　1 2 3 4 1 2 3 4
　　　美しく上る　香りとともに

　　　　1 2 3 4　　1　2　3　4　1　2 3 4 1 2 3 4
　　美しい眺め　ワアヒラの大地
　　　1 2 3 4　　1 2 3 4 1　2 3 4 1 2 3 4
　　たくさんの花々　育ててくれた
　　　1 2 3 4　　1 2 3 4　2 3 4 1 2 3 4
　　どこに　あなたは
　　　1 2 3 4　　1 2 3 4　1 2 3 4
　　鳥よ　優雅に舞う

　　　＊繰り返し

作者のチャド・タカツギが組んでいたバンド、アレアの時代にレコーディングした曲です。シンガーとしてフラダンサーとして活躍を続けたラニ・カスティノ（1930～1996）に捧げられました。
彼女の家は、オアフ島ワアヒラにありました。

カ・レフア・イ・ミリア
Ka Lehua I Milia

lyrics by Mary Kawena Pūkuʻi, music by Maddy K. Lam

_{4 1 2 3   4 1 2 3   4 1 2 3 4   1 2 3}
目にした　美しさ　山のほうに
_{4 1 2 3   4 1 2 3   4 1 2 3 4}
レフアが　抱かれて　霧雨に

_{4123   4 1 2 3   4 1 2 3 4   1 2 3}
表す　好きだと　求めているから
_{4 1 2 3   4 1 2 3   4 1 2 3 4}
乱される　奥から　この心

_{4 1 2 3   4 1 2 3   4 1 2 3 4   1 2 3}
我がレイ　我が花　消えない美しさ
_{4 1 2 3   4 1 2 3   4 1 2 3 4}
すてきに　目に映る　愛しい人

_{4123   4 1 2 3   4 1 2 3 4   1 2 3}
心を　かき立てられ　ふるえてしまう
_{4 1 2 3   4 1 2 3   4 1 2 3 4}
糸でレイに　あなたの愛　大切に

_{4 1 2 3   4 1 2 3   4 1 2 3 4 1 2 3}
伝えて　きました　お話を
_{4 1 2 3   4 1 2 3   4 1 2 3 4}
レフアが　抱かれて　霧雨に

カヴェナ・プークイ＆マディ・ラムのワヒネコンビが世に送り出した名曲のひとつです。

カ・レフア・ウラ
Ka Lehua 'Ula
by Weldon Kekauoha

そこにあなた 私の花が
花よ 赤いレフア 山の
緑深き森 パナエヴァ
吹く風は イヌヴァイ

見つめる 美しい花を
目を覚ます鳥 イイヴィ・ポーレナ
たっぷりと吸う 甘い蜜を
目がくらむ その愛に

そよそよと 吹く風で
揺れそよぐ 赤いケープのように
誘う 美しいあなた
ここに来て ふたりきり
結ばれる 愛で

私のものに それが願い
愛は得がたい 私の花
あなただけを 思い続ける
ふるえる この心

この話 聞いてきたのは
花よ 赤いレフア 山の
ひとつもない 勝るものは
抱く 永遠に 胸に
　　とわ

2007年に作者ウェルドン・ケカウオハが奥さんに贈った歌です。彼女をレフアの花に例えています。
パナエヴァはハワイ島ヒロ地区にある地名です。
イヌヴァイは海風のことで、"水を飲む風"という意味です。
イイヴィ・ポーレナについては「カ・ピリナ」(P.68)の解説をご覧ください。

カ・ロケ
Ka Loke

by Mary Heanu

　　　　　4 1 2 3　　4 1 2 3　　4 1 2 3 4　1 2 3
　　　どこに　あなたは　バラよ
　　　　　4 1 2 3　　4 1 2 3　　4 1 2 3 4
　　　私のレイ　濃厚な　香り

　　　　　4 1 2 3　　4 1 2 3　　4 1 2 3 4　1 2 3
　　　香りが　甘く　あなたから
　　　　　4 1 2 3　　4 1 2 3　　4 1 2 3 4
　　　そばに　あなたが　いると

　　　　　4 1 2 3　　4 1 2 3　　4 1 2 3 4　1 2 3
　　　ここに　います　私たち
　　　　　4 1 2 3　　4 1 2 3　　4 1 2 3 4
　　　抱かれて　心地よく　マカナ山に

　　　　　4 1 2 3　　4 1 2 3　　4 1 2 3 4　1 2 3
　　　贈り物　大事な　それは愛
　　　　　4 1 2 3 4 1 2 3　　4 1 2 3 4
　　　友だちがくれる　愛もそう

　　　　　4 1 2 3　　4 1 2 3　　4 1 2 3 4　1 2 3
　　　あなたに　せつない　思いを
　　　　　4 1 2 3　　4 1 2 3　　4 1 2 3 4
　　　心が　どうしても　せきたてる

　　　　　4 1 2 3 4 1 2 3　　4 1 2 3 4　1 2 3
　　　伝えました　お話を
　　　　　4 1 2 3　　4 1 2 3　　4 1 2 3 4
　　　私のレイ　濃厚な　香り

マカナ山はカウアイ島にある山の名前です。
四番2行目は、マーカハ・サンズのCD 英訳を参考にして意訳をしています。直訳は、"そして歓迎する友だち（a ka makamaka a e kipa aku ai）"です。

カヴァイオカレナ
Kawaiokalena
by Keali'i Reichel

愛する住まい　山にある
広がる雲が　尾根にかかる
花開く愛　ウラレナの雨
おごそかに流れる　森の中を

＊ここに望むものが
　守られて　雲に
　住まいは香りに満ちる
　雨の中

ピイホロは束ねる　虹のかけらを
風がまとめる　キウの風
雨が仕立てる　虹色のレイ
二重に広がる　高原に

＊繰り返し

聞いてあなた　愛しいひと
友は露に濡れる　冷たい高地で
伝えたこの愛　忘れることはない
カヴァイオカレナ　その名のもとに

ケアリイ・レイシェルが住むマウイ島ピイホロの地を歌っています。
二番の"二重に広がる"はダブルレインボーのことかもしれませんね。

カヴォヒクーカプラニ
Kawohikūkapulani
by Helen Desha Beamer

_{1234　1 2 3 4　1 2 3 4 1 2 3 4}
レイ　あなたは　祖父母にとって
_{1 2 3 4 1 2 3 4　1 2 3 4 1 2 3 4}
最愛のあなた　親にとって
_{1 2 3 4 1 2 3 4　1 2 3 4 1 2 3 4}
大切なあなたに　愛を注いで
_{1 2 3 4 1 2 3 4　1 2 3 4 1 2 3 4}
抱いてきました　私の胸に

_{1 2 3 4 1 2 3 4　1 2 3 4 1 2 3 4}
レイは愛するあなた　誰もが知っている
_{1 2 3 4 1 2 3 4　1 2 3 4 1 2 3 4}
結ばれています　アーヒヒの花で
_{1 2 3 4 1 2 3 4　1 2 3 4　1 2 3 4}
ともに私も　娘　あなたは
_{1234 1234　1234 1234}
母として　いつまでも

_{1 2 3 4 1 2 3 4　1234 1234}
伝えました　お話を
_{1 2 3 4　1 2　3 4　1 2 3 4 1 2 3 4}
レイは　きれい　あなた　忘れはしない
_{1 2 3　1 2 3 4　1 2 3 4 1 2 3 4}
呼びかける私たち　答えるあなた
_{1 2 3 4 1 2 3 4　1 2 3 4 1 2 3 4}
カヴォヒクーカプラニよ　その名はあなた

ヘレン・デシャ・ビーマーは、夫ピーターとのあいだに5人の子供をもうけました。1941年、末娘の結婚式で、母ヘレンがこの歌を贈りました。カヴォヒクーカプラニは、末娘の名前です。
歌詞三番は2カ所で意訳をしています。na'u 'oe（私のもの　あなたは）は"娘　あなたは"にしています。また ko'u kuleana（私の権利）は親としての権利のことですから"母として"にしました。

キス・ミー・ラブ
Kiss Me Love
by John K. Almeida

　　　　　3 4 1 2 3　　4　　1　 2　　3 4 1 2 3 4 1　2
　　　　キスして　マイダーリン　愛するひと
　　　　3 4 1 2 3 4　　1　2　　3　　4　　1　　2 3 4 1 2
　　　　私のレイ　クチナシの甘い香り
　　　　3 4 1 2 3 4　　1 2 3 4 1 2 3 4 1 2
　　　　絆　　ふたりは愛によって
　　　　3 4 1 2　　3 4　　1 2 3 4 1　 2 3 4 1 2
　　　　レイは　美しい　それはあなた

　　　　　3 4 1 2 3　　 4 1 2　　3 4 1 2 3 4 1　 2
　　　　あなたは　お花　清められた
　　　　3 4 1 2 3 4　　1　2　3　4　　1　　2 3 4 1 2
　　　　火がつく　しっかりとこの胸に
　　　　3 4 1 2 3 4　　1 2 3 4 1 2 3 4 1 2
　　　　ここに　ある熱い願い
　　　　3 4 1 2　　3 4　　1 2 3 4 1　 2 3 4 1 2
　　　　思いは　まさに　心の中に

　　　　　3 4 1 2 3　　 4 1 2　　3 4 1 2 3 4 1　 2
　　　　美しい　この愛を　愛するひとに
　　　　3 4 1 2 3 4　　1　2　3　4　　1　　2 3 4 1 2
　　　　求める　愛とは何かを
　　　　3 4 1 2 3 4　　1 2 3 4 1 2 3 4 1 2
　　　　伝えました　この物語を
　　　　3 4 1 2　　3 4　　1 2 3 4 1　　 2 3 4
　　　　レイに　愛を　それはあなた

三番の３行目の歌詞「nowelo i ka pili 'ao'ao」は直訳すると"相手の立場になって探し求める"です。探し求めるのは、やはり真実の愛でしょうか。そこで"求める　愛とは何かを"と訳してみました。

キーパフル
Kīpahulu
by Carl Hoku Rasmussen

美しい山 あなたは キーパフルよ
あこがれはつきない 焦がれる思い

ただよう香り 海のしぶき
たくさんのリーポア 海原に

くつろぐ ゆっくりと 大勢の人たち
その家がもてなす 訪れるひとを

有名なところ 涼しい高地
頂上は素晴らしい 静かな大地

伝えた景色は キーパフル
あこがれはつきない 焦がれる思い

マウイ島東部、キーパフルの土地賛歌です。
三番に出てくるヌウ・アヌですが、作者の弟に直接聞いたところ、これは山側の高台のことだそうです。オアフのヌウアヌとは関係がありません。

キープー・カイ
Kīpū Kai

lyrics by Mary Kawena Pūku‘i, music by Maddy K. Lam

キープー・カイに愛を
住まいは海のそば
そこで知りました
彼の心の広さを

心地よく聞こえてくる
潮騒が海のほうから
大きな波が打ち寄せる
ひっそりしたクアホヌ

つきないこの憧れ
美しいハーウプ山
山はそびえる 空へと
その壮大な眺め

大好きなこの景色
クジャクたちが美しく
歩きまわる 気取って
木陰を キアヴェの木の

伝えます 心をこめて
美しいハーウプ山
ジャックさんは心が広い
オーナーです キープー・カイの

カウアイ島、リーフエの南にあったキープー・カイ牧場のオーナー、ジャック・ウォーターハウス (1902〜1984) に贈られた歌です。
クアホヌはキープー・カイにある岬、ハーウプは背後にそびえる山の名前です。
ハイナに出てくるケアカ（Keaka）は、ジャックのハワイ語名です。
キープー・カイの一帯は今でもウォーターハウス一族の所有地です。私有地なので関係者以外は入れません。どうしても行きたい場合は、この歌の作者のように彼らと友だちになるしかなさそうです。

キモ・フラ
Kimo Hula
by Helen Desha Beamer

_{23412341　23412341}
山のほう　ピイホヌアの
_{23412341　23412341}
花園が　すてきに飾る
_{23412341　123412341 2}
そこで私が　目にした美しさ
_{3412 3412　1234 12341}
花の香りが　立ちこめる

_{23412341　23412341}
集まる鳥　山から来る
_{23412341　23412341}
イイヴィ鳥の　目は黄色く
_{23412341　1234 12341 2}
美味しい　蜜を花から
_{3 4 1 2 3 4　1 2 3 4 1 2 3 4 1}
モアニケアラは　緑の中に

_{2 3 4 1 2 3 4 1　2 3 4 1 2 3 4 1}
ありがとうあなた　愛する友よ
_{23412341　23412341}
歓迎する　来る人々を
_{23412341　1234 12341 2}
あなたのレイ　忘れはしない
_{3 4 1 2 4　1 2 3 4 1 2 3 4 1}
レイマカニ　レイオナオナ

_{23412341　23412341}
伝えてきた　物語
_{23412341　23412341}
モアニケアラは　緑の中に
_{23412341　1234 12341 2}
呼ぶ私たちに　答えるあなた
_{3 4 1 2　1 2 3 4 1 2 3 4 1}
キモよ　ハイランドの　あなたへ

「キモ・ヘンダーソン・フラ」とも呼ばれます。キモは英語名ジェームズのハワイ語発音です。
ヘレン・デシャ・ビーマーが、スコットランドから移住してきたハワイ島ヒロの名士、ジェームズ・ヘンダーソンに歌を贈りました。
彼の住まいはヒロ市のピイホヌア地区にあり、モアニケアラと名づけられました。
二番"イイヴィ鳥　目は黄色く"の'i'iwi maka pōlena ですが、maka は目ではなくて頭、もしかしたら長いクチバシのことかもしれません。ここでは、楽譜集「Songs Of Helen Desha Beamer」の英訳に合わせて"目"としています。
三番のレイマカニ、レイオナオナは彼の奥さんのことです。
ハイナの"ka uka 'iu'iu"はジェームズの故郷、英国ハイランド地方を表しています。
最後の"he inoa"は直訳すると"名前"ですが、"あなたの名前の歌"のことです。そこで"あなたへ"と意訳してみました。
ヘレン・デシャ・ビーマーはヘンダーソン家とは親交が深かったようで、他にも歌を贈っています。

クイーンズ・ジュビリー
Queen's Jubilee
by Queen Lili'uokalani

心から感謝を　英国の女王に
広まるあなたの名声　世界中に
北の海から　南の浜まで
知られている貴い　お力

ここに私たちはいます　あなたのお側に
あなたのよき日　祝祭
お持ちしました　私たちのアロハ
ありますように　天のご加護が

お喜びの国王　インドの
この祝祭に列席の　国王たち
世界中から　祝い讃えるため
列席いたしました　ハワイから
天にまで広がる　美しさ
守りたまえ　神よ　守りたまえ　神よ

1887年6月20日、ヴィクトリア女王の在位50周年記念式典が開かれました。リリウオカラニは、カピオラニ王妃のお伴として、はるばるハワイからイギリスでの式典に参列したのでした。
インドの国王が出てきますが、当時のインドはイギリスの統治下にあり、国王はイギリスの王室です。

クウ・イポ・イ・カ・ヘエ・プエ・オネ
Ku'u Ipo I Ka He'e Pu'e One
by Princess Miriam Likelike

恋人が　すべる　砂州の波で
海では　ころがる玉石
求めたの　あそこで　思い出す
愛を交わした　ふたりは森で

どうか　聞いてください
ここに　その愛をここに
来てくれたわ　昨日の夜は
愛を交わした　ふたりは森で

カラーカウアとリリウオカラニの妹、リケリケ王女の作です。
プエ・オネ（pu'e one）は砂州のことで波打ち際の地形です。主に河口にできて、サーフィンに適した波が立ちます。玉石がころがるというシーンが出てきますから「グリーン・ランタン・フラ」で歌われているような河口のビーチが舞台なのかもしれません。訳では"砂州の波で"としました。
主に歌われるのはここに載せた一番のみですが、実際は三番まであります。

クウ・イポ・オナオナ
Ku'u Ipo Onaona
by Maddy K. Lam

どこにあなたは　愛するひとよ
ここで私は　待っています
ぐずぐずしないで　恋人よ
急いでここに　ねえあなた

あなたです　思う人は
大切なあなた　心の底から
幸せな私　声はやさしい
あなたの声には　愛がある

旅してきました　世界中を
見てきた美しい　様々な花
でもおよびません　あなたには
愛する人は　魅力的

伝えました　このお話を
ここで私は　待っています
ぐずぐずしないで　恋人よ
急いでここに　ねえあなた

カヴァイ・コケットやナー・ホアの音源に基づいています。
「ハワイアン・メレ1001」の解説に載っているとおり、歌詞三番の、世界のどの花よりもあなたは美しいと歌うのは、確かにすごい口説き文句です。

クウ・イポ・プア・ローゼ
Ku'u Ipo Pua Rose
by John K. Almeida

　　　1 2 3 4 1 2 3 4　　1 2 3 4 1　2 3 4
　　愛しい恋人　バラの花
　　1 2 3 4 1 2 3 4　　1 2 3 4 1　2 3 4
　　私のレイ　夕暮れの

　　　1 2 3 4 1 2 3 4　　1 2 3 4 1　2 3 4
　　私のレイを　編み込む
　　1 2 3 4 1 2 3 4　　1 2 3 4 1　2 3 4
　　飾るため　この身を

　　　1 2 3 4 1 2 3 4　　1 2 3 4 1　2 3 4
　　美しさがこの目に　見とれる
　　1 2 3 4 1 2 3 4　　1 2 3 4 1　2 3 4
　　大切に抱く　この手で

　　　1 2 3 4 1 2 3 4　　1 2 3 4 1　2 3 4
　　愛する美しさ　心から
　　1 2 3 4 1 2 3 4　　1 2 3 4 1　2 3 4
　　甘美な愛を　この胸に

　　　1 2 3 4 1 2 3 4　　1 2 3 4 1　2 3 4
　　名残惜しい声　ニワトリの
　　1 2 3 4 1 2 3 4　　1 2 3 4 1　2 3 4
　　呼びかける　夜明けだと

　　　1 2 3 4 1 2 3 4　　1 2 3 4 1　2 3 4
　　伝えた名前　私のレイ
　　1 2 3 4 1 2 3 4　　1 2 3 4 1　2 3 4
　　愛するレイ　その朝の

　　五番の歌詞に出てくるアロハは、作者ジョン K アルメイダのアルバムにある英訳を参考しながら、もう朝がきてしまったことへの残念さを表すことばとして訳しました。その部分 aloha ē ka leo o ka moa の直訳は"おはようと鳴くニワトリの声"です。

クウ・ティタ
Ku'u Tita
by Sam Bernard

どこにあなたは　私のティタ
ティタよ　真夜中の
かわいいあの子　心をつかむ
明るくてほがらか
その心は温かい

温かな胸　この体
しなやかな体です
おねだりあなたに　高まってるから
ゆっくりと楽しみましょう
心ゆくまで

じわじわと　うずいてくる
痛いくらいドキドキ
急かさないで　どうかあなた
くつろぎましょう　本当に
そうです　ここが始まり

そうです　伝えた　この歌
ティタよ　真夜中の
かわいいあの子　心をつかむ
身震いする　本当に
楽しむ　ふたりで

ティタ（tita）はシスターのハワイ語です。実の姉妹とは関係なく、相手への親しみを込めた呼び方として出てきますので、訳さずにティタのままにしてみました。まあ、歌詞を見れば姉妹と関係がないのは一目瞭然。しかも、"真夜中のティタ"ですから、とてもあやしい。カオナ（裏の意味）が気になりますね。

クウ・プア・パカラナ
Ku'u Pua Pakalana
by Natalie Ai kamauu

あなたはどこに 愛しいひと
答えるあなた その香りで
漂ってくる 花よ パカラナよ

レイをかける パカラナの花
胸に広がる その香り
愛しくて目がくらむ 花よ パカラナよ

首にかけたレイ 両親の
愛しいあなた 大事にいつまでも
宝もの 輝く 太陽で

伝えました お話を
答えるあなた その香りで
霧で濡れた 花よ パカラナよ

作者ナタリー・アイ・カマウウが息子のために書いた歌です。
パカラナは外来種で、日本ではイエライシャン（夜来香）の名で知られています。星形で小さな淡い黄緑の花を咲かせます。

クウ・ホア
Ku'u Hoa

by Francis Keali'inohopono Beamer

　　　3 4 1 2 3 4 1 2　　3 4 1 2 3 4　1 2 3 4
　　　大好きです　愛しいひと
　　　1 2　3 4　　1 2　3 4 1 2 3 4
　　　僕の友の目　キラキラ　家は山に

　　　3 4 1 2 3 4 1 2　　3 4 1 2 3 4　1 2 3 4
　　　戻りましょう　ふたりで
　　　1 2　3 4　　1 2　3 4 1 2 3 4
　　　一緒にいたい　願う　心から

　　　3 4 1 2 3 4 1 2　　3 4 1 2 3 4　1 2 3 4
　　　照らしてる　月明かり
　　　1 2　3 4　　1 2　3 4 1 2 3 4
　　　お月さまが　顔出す　雲の群れから

　　　3 4 1 2 3 4 1 2　　3 4 1 2 3 4　1 2 3 4
　　　伝えました　お話を
　　　1 2　3 4　　1 2　3 4 1 2 3 4
　　　僕の友の目　キラキラ　家は山に

1937年、作者フランシス・ポノ・ビーマーが奥さんのルイーズに贈った歌です。当時、ルイーズはハワイを舞台にしたハリウッド映画に関わっていました。しかし怪我をしてしまい、映画の仕事から離れることに。そんな傷心の彼女をなぐさめる歌を、夫が作ったのでした。
ポノとルイーズ夫婦は、あの「ヘネヘネ・コウ・アカ」で登場するふたりです。また、スラッキー・ギタリスト、ケオラ・ビーマーの祖父母にあたります。

クウ・ホアロハ
Ku'u Hoaloha

by Victor Kalā

あなたは私の 大好きなひと
愛が 愛がいっぱい
尽きない その思いやり

集まる友だち 仲間を連れて
仲良く 心開く
あなたに愛があるから

ここでまさに 眺めている
美しい その家を
建っている 堂々と

吹いてくる風 夕暮れどきの
雨粒が 落ちてくる
夜のとばりとともに

伝えた その飾り 聞こえてきた
愛が 愛がいっぱい
尽きない その思いやり

作者がヘレン・タムの自宅でのホスピタリティを歌った曲だそうです。彼女の家はセント・ルイス・ハイツにありました。セント・ルイス・ハイツは、ワイキキの郊外にある丘陵エリアです。
三番の最後 "夜のとばりとともに" は意訳しました。ハワイ語歌詞は ka lihilihi o ke 'aumoe で、直訳は "夜中の周縁"。これから夜になっていく様子を表しています。
ハイナの最初に出てくる歌詞 Ha'ina e ka wehi は、歌を贈った相手を讃える表現のひとつです。Ha'ina kou wehi という言い方もあります。

クウ・レイ・フリリ
Ku'u Lei Hulili
by Kuana Torres Kahele

見上げれば 美しい
満天の星
私のレイ まばゆく
天空にかかる

どこに あなた
アアリイの花
愛の花 増えゆく
寒さの中

くらくら めまいが
この頭に
見たから 美しさを
その花の

広がる その霧が
ワイキイの地に
ここに あなたが
愛するひとよ

伝えられた
このお話
私のレイ まばゆく
天空にかかる

ある夜、クアナ・トレスは、ハワイ島サドルロードを走っていました。ポーハクロアというエリアを過ぎたとき、車から降りて夜空を見上げました。そのときの光景を歌にしたそうです。天空のレイは天の川のことかもしれませんね。

クウ・レイ・ホークー
Ku'u Lei Hōkū
traditional

     2 3 4 1 2 3 4 1 2 3 4 1 2 3 4
    ここホノルルに　星のレイが
    1 2 3 4 1 2 3 4 1 2 3 4 1 2 3 4
    上にかかるは　カイマナ・ヒラ

     2 3 4 1 2 3 4 1 2 3 4 1 2 3 4
    まさにここ　ワイカハルルが
    1 2 3 4 1 2 3 4 1 2 3 4 1 2 3 4
    憩いの中心　ナンバーワンの場所

     2 3 4 1 2 3 4 1 2 3 4 1 2 3 4
    ひとつの花で　充分　レイには
     1 2 3 4 1 2 3 4 1 2 3 4 1 2 3 4
    喜ばれている　鳥たちに

     2 3 4 1 2 3 4 1 2 3 4 1 2 3 4
    レイはマモの羽　黄色い羽毛
     1 2 3 4 1 2 3 4 1 2 3 4 1 2 3 4
    そのレイは星　ここハワイの

     2 3 4 1 2 3 4 1 2 3 4 1 2 3 4
    伝えました　この物語
     1 2 3 4 1 2 3 4 1 2 3 4 1 2 3 4
    ここホノルルに　星のレイが

省かれている歌詞があります。また歌詞が異なるバージョンがあり、ここではエイミィ・ハーナイアリイの音源に基づいています。
歌詞二番の I ke kikowaena helu 'ekahi の直訳は"ナンバーワンの中心地"です。エイミィの CD 英訳では"そこのアトラクションがナンバーワン"とあります。歌詞サイトの huapala.org によると天然のプールがあったそうですから、何かしら楽しめるところだったのでしょう。ここでは"憩いの中心"と訳してみました。ワイカハルルはホノルルにある地名です。
歌詞三番の"鳥たち"は、人々のことを指しているようです。

クウ・レオ・アロハ
Ku'u Leo Aloha

by Josh Tatofi

込み上げる 思い出 愛するひとの
美しい君 昨夜の
くっきりとした この空のもと
海は うねり続ける

＊ふるえる 僕の 声で 愛の
　この愛は 結ばれる いつまでも

振り向く君 見つめる 僕のほうを
君の その目は すてきだ
高鳴る 僕のこの胸
メロメロになる 美しさに

＊繰り返し

この愛は 結ばれて いつまでも
この愛は 結ばれて いつまでも

歌詞に出てくる"心をふるわす僕の声"とは、作者ジョシュ・タトフィ本人の歌のことでしょうか。確かにその通り、彼の歌声は聴く人の心をときめかせます。

グリーン・ランタン・フラ
Green Lantern Hula
by John Pi'ilani Watkins

_{4 1 2 3 4 1 2 3 4　　1 2 3 4 1 2 3 4　　1}
美しいこの　マーイリ海岸の
_{2　1 2 3 4 1 2　　1 2 3 4 1 2 3 4}
ランタンが灯る　緑のお店

_{4 1 2 3 4 1 2 3 4　　1 2 3 4 1 2 3 4　　1}
聞こえてくる　夕暮れどきに
_{2　1 2 3 4 1 2　　1 2 3 4 1 2 3 4}
かわいらしい声　鳥のさえずり

_{4 1 2 3 4 1 2 3 4　　1 2 3 4 1 2 3 4　　1}
照らされて　輝く月に
_{2　1 2 3 4 1 2　　1 2 3 4 1 2 3 4}
眺めるマーイリ　最高です

_{4 1 2 3 4 1 2 3 4　　1 2 3 4 1 2 3 4　　1}
海から潮騒が　河口の砂州から
_{2　1 2 3 4 1 2　　1 2 3 4 1 2 3 4}
きらめく光　波打ち際の

_{4 1 2 3 4 1 2 3 4　　1 2 3 4 1 2 3 4　　1}
伝えました　このお話を
_{2　1 2 3 4 1 2　　1 2 3 4 1 2 3 4}
ランタンが灯る　緑のお店

オアフ島マーイリにあったグリーン・ランタンというレストランの歌です。
振りに合わせるため、グリーン・ランタンを"ランタンが灯る緑のお店"としました。
マーイリ（mā'ili）は小石のことです。今はそんな風には見えませんが、小石の多い海岸だったようです。
歌詞の四番は、そんな小石が波にころがされて音をたてている情景でしょう。
砂州（pu'e one）は少しことばを補って"河口の砂州"としています。
すでにレストランはありませんが、サーフポイントの名前として現在も残っています。マーイリ・ビーチの河口にあるサーフポイントを、グリーン・ランタンズと言います。僕はそこでサーフィンをしたことはありませんが、いい波があがってローカルたちが波乗りをしているのを見たことがあります。

グリーン・ローズ・フラ
Green Rose Hula
by John K. Almeida

お花のロケ・ラウに この愛を
美しさは 最上です

甘い香りが ここに
誘います くつろいでと

くつろぎましょう あなたと
上手です 愛を交わすのは

恋人 あなたは 愛する
つのる思い 心から

伝えました お話を
あなたはグリーンローズ 大好きです

ロケ・ラウ（loke lau）はグリーン・ローズのことで、ハワイ語の意味は"葉っぱのバラ"です。その名の通り花びらが葉っぱのようで、あまりバラには見えません。
歌詞三番には hana no'eau というフレーズが出てきますが、直訳すると"熟練の技"。それだと少し固いので"上手"としてみました。意味深な歌詞ですね。

ケ・アーヌエヌエ
Ke Ānuenue

lyrics by Mary Kawena Pūku'i, music by Maddy K. Lam

<small>4 1 2 3　　4 1 2 3</small>
美しい　虹が
<small>4 1 2 3　　4 1 2 3</small>
ラー・エアー　ラー・エアー
<small>4 1 2 3　　4 1 2 3</small>
アーチを描く　空に
<small>4 1 2 3　　4 1 2 3</small>
ラー・エアー　ラー・エアー

<small>4 1 2 3　　4 1 2 3</small>
降り落ちた　雨で
<small>4 1 2 3　　4 1 2 3</small>
ラー・エアー　ラー・エアー
<small>4 1 2 3　　4 1 2 3</small>
命が育つ　この星で
<small>4 1 2 3　　4 1 2 3</small>
ラー・エアー　ラー・エアー

<small>4 1 2 3　　4 1 2 3</small>
芽を出した　草木が
<small>4 1 2 3　　4 1 2 3</small>
ラー・エアー　ラー・エアー
<small>4 1 2 3　　4 1 2 3</small>
きれいに飾る　大地を
<small>4 1 2 3　　4 1 2 3</small>
ラー・エアー　ラー・エアー

<small>4 1 2 3　　4 1 2 3</small>
照りつける　太陽で
<small>4 1 2 3　　4 1 2 3</small>
ラー・エアー　ラー・エアー
<small>4 1 2 3　　4 1 2 3</small>
咲いてくる　花が
<small>4 1 2 3　　4 1 2 3</small>
ラー・エアー　ラー・エアー

<small>4 1 2　　3 4 1 2 3</small>
伝えた　お話は
<small>4 1 2 3　　4 1 2 3</small>
ラー・エアー　ラー・エアー
<small>4 1 2 3　　4 1 2 3</small>
美しい　虹の
<small>4 1 2 3　　4 1 2 3</small>
ラー・エアー　ラー・エアー

多くの合作をこの世に送ったカヴェナ・プークイ＆マディ・ラムのワヒネコンビの歌。ケイキ（子供）フラの定番曲ですね。

ケ・アヌ・オ・ワイメア
Ke Anu O Waimea
by Kuana Torres Kahele

見ている すてきな ワイメアを
キープウプウの雨 強い風
寒さで震える

抱かれて 雨に キスされる
朝になると 漂う香り
アヴァプヒの花

包まれるあなた 霧の中
山は有名 高くそびえ
カーネホアに抱かれて

ここは美しい カムエラ
キスを花に 消えない美しさ
黄色いレフア

伝えた飾り この大地の
家は美しい その朝の
寒いワイメアで

ワイメア 美しい本当に

ハワイ島ワイメアを讃えたナー・パラパライの代表曲のひとつ。
作者のクアナ・トレスは、後にソロアルバムで歌詞を大幅に書き直した「Ke Anu O Waimea 2011」を出しています。

ケ・アロハ
Ke Aloha
by Lei Collins, Maddy K. Lam

私の胸に あなた
恋人 愛する
甘い香りの あなた
夕暮れどきの

あなたが言うから
とっておいた この体
体はしなやか あなた
交わす この愛を

心安らぐ 私
吐息は 愛しいひと
そして愛を交わす
楽しむ私たち

お話を伝えました
恋人 愛する
甘い香りの あなた
夕暮れどきの

作者が女性の友人の結婚を祝って贈ったそうです。年の差結婚で、彼女のほうが一回り以上年上だったとか。

コアリ
koali
traditional

愛しの コアリ
波があがる カーネーヴァイの
リーポアの 強い香り
冷たい それはとても

戻ろう たくさんのバラの家へ
その家に茂る イヴァイヴァ
イヴァ鳥たちが 楽しそうに
舞っている 穏やかに

すてきなワイルア しぶきがあがる
さらさらと揺れる ヤシの葉が
誇らしくはためく ハワイの旗
堂々と 静けさの中で

伝えてきた 物語
波があがる カーネーヴァイの
リーポアの 強い香り
冷たい それはとても

歌詞はケアリイ・レイシェルの音源に準じています。
コアリはマウイ島東部にある地名、他にもカーネヴァイ、ワイルアといった地名が出てきます。
イヴァイヴァはシダの仲間です。
一番とハイナの最後の行は別バージョンの歌詞があります。実はこちらがオリジナル歌詞のようです。
  Hanu makehewa kēlā
  その香りはとてつもない

対訳の小道
Ke ala iki no ka unuhi
その2

　ハワイ語で「Nani ʻoe」という歌詞があるとします。「あなたはきれい」という文章ですが、訳し下げにすると「きれい あなたは」になります。

　　　　Nani ʻoe
　　　　きれい あなたは

　このように、ハワイ語は動詞が文頭にきます。これを以下のように訳し直すと、自然な日本語になってきます。

　　　　Nani ʻoe
　　　　きれいなあなた

　動詞の「きれい」を形容詞の「きれいな」に変換しています。形容詞化することで、普通の日本語の並びになります。

　本書では、こうしたテクニックを使って自然な文章に見えるようにしています。ただ、動詞を形容詞に変えているという時点で、厳密には意訳をしていることになりますね。

　訳し下げは、こうした変換作業の連続です。文章がつながるように変えるわけです。でも、訳し下げのほうが、その言語に近いとも言えます。もともとの文の並びですから。ことばを変換するという一見原文から遠ざかる作業が、もとの言語に近づくことになる。訳し下げの奥深さが、ここにあります。

サ・タ行のメレ

ザ・フキラウ・ソング
The Hukilau Song

by Jack Owens

さあ行こう フキラウ
引き 引き フキラウ
みんな好き フキラウ
ラウラウのご馳走 ビッグ・ルーアウ

網を投げる 海へと
魚のアマアマ 寄ってくる

さあ行こう フキラウ
引き 引き 引き フキラウ

最高の日 漁には
古い ハワイアンスタイル
フキラウの網をヒュッと
いつものラーイエ・ベイ

フキラウ (hukilau) は、網 (lau) を引っ張る (huki) こと、つまり地引き網です。訳ではそのままフキラウにしました。

"引く (huki)" を繰り返す箇所は、音源によって回数が違っていたりします。

ラウラウは、ティリーフに肉や魚を巻いて蒸し焼きにする、伝統的なハワイ料理です。

カウカウ (kaukau) はハワイ語に見えますが、ピジン・イングリッシュです。中国語のチャウチャウがなまってカウカウになったそうで、その意味は、食事。ここでは"ご馳走"にしました。

ルーアウは、ハワイスタイルの宴会やパーティのこと。日本でもこの言葉が定着しつつありますので、そのまま使いました（表記はルアウが多いようですが、正確にはルーアウ）。

アマアマは、ボラのハワイ語です。

スウィート・レイ・モキハナ
Sweet Lei Mokihana

by George Huddy

スウィート・レイ モキハナ
どこに あなた
レイはきれい あなた
忘れられない

しぶき あがる海
ハーエナの浜
ラウアエが マカナ山に
ナーモロカマ山に

とらわれる 思い
ハナレイの 土地に
壮大な あなた
美しい 本当に

伝えてきました
このお話を
スウィート・レイ モキハナ
忘れられない

スウィート・レイは"かわいいレイ"ですが、そのまま使ってみました。
カウアイ島の北部の土地や山の名前が出てきます。
ラウアエは、よく知られているシダのラウアエとは別の種類です。
マカナとナーモロカマは山の名前です。
ハイナで"かわいいレイ モキハナの (sweet lei mokihana)"を"私のレイ 美しいあなた (ku'u lei nani 'oe)"と歌うバージョンがあります。
マーク・ヤマナカの音源では、2カウント (1/2小節) 増えている箇所があります。
作者のジョージ・ハディは、カウアイ島出身。

ソフィスティケイテッド・フラ
Sophisticated Hula
by Sol K. Bright

　　1234 1234　1234 1234
手を腰に　膝まげて
　1　2　3　4　　1　2　3　4　1234 1234
小粋なフラを　街で評判の

　1　2　3　4　1234　　1　2　3　4　1234
周りを巻き込めば　あなたもダンサー
　1　2　3　4　　1　2　3　4　1234 1234
小粋なフラを　街で評判の

　　　1　2　3　4　　　1　2　3　4
ロコのフラガール　ダンス好き
　　1　2　3　4　1　2　3　4
踊るよ　ドラムのビートで
　　1　2　3　4　1　2　3　4
今が小粋なフラのチャンス
　1　2　3　4　1　2　3　4
踊って　メロディ鳴る間

　1　2　　3　4　1234　1234 1234
踊る　甘い歌で　さあもう一度
　1　2　3　4　　1　2　3　4　1234 1234
小粋なフラを　街で評判の

作者のソル K ブライト（1909〜1992）は、戦前から大活躍をしたミュージシャンで、亡くなったあとの1995年にハワイ音楽の殿堂入り（Hawaiian Music Hall of Fame）をしています。
日本語の歌詞「月の夜は」も同様にフラの定番ですね。

タイニー・バブルス
Tiny Bubbles
by Leon Pober

　　　³　⁴　　¹　　²　　³⁴¹²
　ちっちゃなバブル
　　³　⁴　¹　²　³　⁴　¹　²
　ワインに
　　³⁴¹²³⁴¹²
　幸せ
　　³　⁴　　¹　²　³　⁴　¹　²
　いい気持ち
　　³　⁴　　¹　　²　　³　⁴
　ちっちゃなバブル
　　¹ ² ³ ⁴　 ¹ ² ³ ⁴ ¹ ²
　温まる　すべて
　　³　⁴　¹　²　³　⁴　¹　²　　³⁴¹²³⁴¹²³⁴
　まるでこんな気分　愛するよ　永遠に

　　　　¹ ²　　³　⁴　¹　²　³　⁴
　　乾杯　黄金の月に
　　　　³　⁴　¹　²　³　⁴
　　乾杯　銀色の海に
　　　¹ ²　³　⁴　¹　²　³　⁴
　　でも一番の乾杯は
　　　　³　⁴　¹　²　³　⁴　¹　²
　　君と僕に

バブルは語感がかわいいので"泡"と訳さずそのまま使いました。ワインに泡ですから、やはりシャンパンでしょうね。
Here to は、"〜に乾杯"という意味です。美しい景色に乾杯するけれど、二人のためにするのがメインの乾杯だと歌っています。
二番がありますが、基本はサビのあとに一番をもう1回歌って終わります。
「ハワイアン・メレ1001」によると、1966年にドン・ホーが歌って大ヒットをしました。
ここに載せていませんが、ハワイ語歌詞バージョンがあります。

テヴェテヴェ
Tewetewe
lyrics by Kalei Aona, music by Vicki I'i Rodrigues

でっかいハゼ　クネクネ
身をよじって　クネクネ
天まで届け　クネクネ
ひっくり返って　クネクネ

でっかいハゼ　クネクネ
握った手の中　クネクネ
のたうちまわる　クネクネ
ビチビチはねる　クネクネ

でっかいハゼ　クネクネ
入ってくるよ　クネクネ
網の中に　クネクネ
それが僕たち　クネクネ

でっかいハゼ　クネクネ
気をつけて君　クネクネ
握りがゆるいと　クネクネ
ダメだよ僕たち　クネクネ

これは子供ソングの替え歌だとか。もとの歌詞は、オープー・ヌイ（大きなおなか）だったそうです。大きなおなかを震わせたり揺すったりする内容。いかにも子供向けですね。それを、オープー（おなか）からオオプ（ハゼ）に変更。そして、子供というよりは、たぶん大人向けの内容になりました。

ナ行のメレ

ナー・アレ・オ・ニイハウ
Nā ʻAle O Niʻihau

by Robert Cazimero

戻るうねり　ニイハウへ
そこで生まれる　貝のカヘレラニ
貝は踊る　寄せる波で
洗われて　光り輝く
エアー・ラー　エアー・エー

伝えてきた　物語
向かうこの愛　ニイハウへ
打ち寄せては　戻っていく
戻る　カヒキへ　愛を込めて
エアー・ラー　エアー・エー

有名なここは　プウワイの浜
心優しき　ニイハウの人たち
楽しいひととき　眺めながら
禁断の大地を　しぶきの中
エアー・ラー　エアー・エー

自慢のレイ　胸を飾る
継がれていく　伝統　ハワイの
ピーカケ・スタイルで　作る女性
座りながら　マカロア・マットに
エアー・ラー　エアー・エー

歌詞は、オリジナル音源のブラザーズ・カジメロに基づいています。
カヘレラニはニイハウで取れる極小の巻き貝。その貝で作るレイは緻密な工芸品で、宝石のように高価です。
ピーカケ・スタイルは、貝に糸を通す技法のひとつです。
マカロア草から作る高級タパは、かつてニイハウの名産でした。
ハイナで出てくるカヒキですが、ハワイの伝統文化を守るニイハウ島をハワイアンの先祖の島カヒキと重ね合わせて表現しているのでしょう。

ナ・カ・プエオ
Na Ka Pueo

by Samuel Kalani Kāʻeo

　　　　　　1 2 3 4 1 2　3 4 1 2 3 4
　プエオカヒ号に　好きな人が
　　　1 2　3 4
　エアー
　　1 2 3 4 1 2　3 4 1 2 3 4
　海の渡り鳥　マウイの

　　　1 2 3 4 1 2　3 4 1 2 3 4
　旗がはためくわ　ハワイの
　　　1 2　3 4
　エアー
　　1 2 3 4 1 2　3 4 1 2 3 4
　海の上　マーマラ湾で

　　　1 2 3 4 1 2　3 4 1 2 3 4
　守っておくれ　僕への愛を
　　　1 2　3 4
　エアー
　　　1 2 3 4 1 2　3 4 1 2 3 4
　約束するから　戻ってくると

　　　1 2 3 4 1 2　3 4 1 2 3 4
　伝えました　物語を
　　　1 2　3 4
　エアー
　　　1 2 3 4 1 2　3 4 1 2 3 4
　プエオカヒ号に　好きな人が

「No Ka Pueo」「No Pueokahi」のように微妙に異なる別名があります。歌詞は、曲タイトル名の部分が変わるだけであとは同じ。

さまざまな解釈ができると思います。ここでは、帆船プエオカヒ号に乗ってマウイからやってくる男性を、ホノルルの港で待つ女性という設定にしてみました。歌詞二番は女性視点、歌詞三番は男性視点にしています。

一番に nēnē ʻau kai というハワイ語が出てきますが、これは渡り鳥のこと。ハワイガンのネーネーに似ているから、ネーネーアウカイ（海を渡るネーネー）と名づけられました。また、アウカイには船乗りという意味もあるので、鳥は男性のことでしょう。

マーマラ湾はホノルルの沖一帯の湾を指します。

感嘆詞のエアー（ʻeā）は、合いの手としてそのまま表記しました。

ナニ・アヒアヒ
Nani Ahiahi
by Kaumakaiwa Kanaka'ole

どこにあなた　風よ　肌ふるわす
やさしく触れる霧　夕暮れの

レフア・マモのように　丸く咲く
その花はすてきに　天を開く

キスしてやさしく　ふたりで　友よ
私の友がそばで　ことばを　夜の

伝えたその愛　答えてあなた
美しい夕暮れ　忘れはしない

レフア・マモは黄色い花を咲かせるレフアの種類です。
カウマカイヴァ・カナカオレのデビューアルバムに収録され、当時大ヒットをした曲です。
「ハワイアン・メレ1001」によると、ナニ・リム・ヤップに贈られた歌だそうです。

ナニ・カウアイ
Nani Kauaʻi
by Lizzie Alohikea

好きです 私は
この土地が
堂々と そびえている
ワイアレアレ

その浜は 有名な
ノヒリの浜
抱かれて しっかりと
その胸に

ハラの 甘い香り
マープアナの
やってくる あなた
寄せる 海まで

伝えました
このお話を
美しい カウアイ島
静かに

リジー・アロヒケアの作品です。
彼女は、カウアイ島の男性アルフレッド・アロヒケアと結婚しました。
三番2行目の歌詞は別バージョンがありますが、ここでは E naue ʻoe i ka ʻoni a ke kai のほうです。
実際は六番まであります。

ナニ・ハナレイ
Nani Hanalei

by Peter Kai Davis

　　　1　2　3　　　4 1 2 3 4　1 2
ハナレイに　愛を込めて
　　1 2 3　　　4 1 2 3 4
美しい　ハナレイ
　　1　2　3　4　　1　2　3　4
現れるあなた　愛しいひとよ
　1 2 3 4　　1 2 3 4
エ〜〜　エ〜〜
　　1　2　3　　　4 1 2 3 4
ハナレイは　最高です

　　1　2　3　　　4 1 2 3 4　1 2
とりこになる　この心
　　1 2 3　　　4 1 2 3 4
美しい　ハナレイに
　　1 2 3 4　　1 2 3 4
滝が流れる　モロカマの
　1 2 3 4　　1 2 3 4
エ〜〜　エ〜〜
　　1　2　3　　　4 1 2 3 4
吹く風は　アーパアパア

　　1 2 3　　　4 1 2 3 4　1 2
荘厳な　ハナレイ
　　1 2 3　　　4 1 2 3 4
大雨が　降るところ
　　1 2 3 4　　1 2 3 4
つるつる　滑る
　1 2 3 4　　1 2 3 4
エ〜〜　エ〜〜
　　1　2　3　　　4 1 2 3 4
その苔は　マヌアケパの

　　1 2 3　　4 1 2 3 4　1 2
伝えた　物語
　　1 2 3　　　4 1 2 3 4
美しい　ハナレイ
　　1　2　3　4　　1　2　3　4
現れるあなた　愛しいひとよ
　1 2 3 4　　1 2 3 4
エ〜〜　エ〜〜
　　1　2　3　　　4 1 2 3 4
ハナレイは　最高です

歌詞はブラザーズ・カジメロの音源に準じています。作者カイ・デイヴィスのオリジナルとは歌詞や順番が違うため、カジメロ以外の音源で踊る場合はご注意下さい。
カジメロ版は彼らがアレンジをしたイントロがとても印象的ですが、オリジナル版はもっと軽快です。ライアテアのバージョンがオリジナルに近いので、聞き比べてみるのも面白いと思います。
一番とハイナの歌詞が原曲と違います。カジメロはこちら。
　'Ōiwi ana 'oe, e ku'u aloha lā
　現れるあなた　愛しいひとよ
オリジナルは以下です。
　Ho'ohihi ana 'oe, i ko'u aloha lā
　とらえるあなた　私の心を
また、二番と三番の後半で、カジメロ版は原曲と歌詞が入れ替えになっている箇所があります。"滝が流れる　モロカマの　吹く風は　アーパアパア"と"つるつる　滑る　その苔は　マヌアケパの"の部分です。
ちなみに、カジメロ版のイントロに入っているのは「ハーラウ・ハナレイ」という古いチャントです。

ナニ・ワイアレアレ
Nani Wai'ale'ale
by Dan Pokipala, Sr.

有名なあなた　カウアイ
すてきな山　ワイアレアレ
そして王さま
マノーカラニポー

漂ってくる　香り
あのモキハナと　ラウアエ
咲く花々は
よそと違う　この土地は

流れる音　崖から
その水は　ナーモロカマ
生える苔で
滑りやすい　マヌアケパ

伝えました　お話
すてきな山　ワイアレアレ
そして王さま
マノーカラニポー

ワイアレアレとナーモロカマはカウアイ島の山の名前、マヌアケパは地名です。
ラウアエは、お馴染みのラウアエとは別の種類。ハワイの固有種で、カウアイ島ではペアヒとも呼ばれています。
マノーカラニポーは、かつてカウアイ島を統治していた王の名前。
カウアイ島の中心にあるワイアレアレ山はとても雨が多く、その山頂はいつも雲に覆われています。何度かカウアイ島には行きましたが、一度も山頂は見れませんでした。山頂を見れた方は、とてもラッキーですね。

ナニ・ヴァレ・カウイキ
Nani Wale Ka'uiki
by Kainani Kahaunaele

美しいカウイキ　目の前に
穏やかなケアニニ　打ち寄せる波

素晴らしいビーチ　カプエオカヒ
集うところ　砂州に立つ波に

ウアケアの霧　ハーナにかかる
覆っている　中心を　カウイキの

伝えました　このお話を
美しいカウイキ　目の前に

カウイキはマウイ島ハーナ・ベイにある岬です。
ケアニニ・ビーチは、カウイキにある古代ハワイのサーフポイント。
カプエオカヒはハーナ・ベイの古い名前です。カプエオカヒ（プエオカヒ）は神の名前で、その神にまつわる伝説が浜に残っているところから名付けられました。
「ナ・カ・プエオ」ではプエオカヒ神の名前をつけた船がに出てきますね。

ナー・ハラ・オ・ナウエ
Nā Hala O Naue

by J. Kahinu

　　　　　　1 2 3 4 1 2 3 4 　　1 2 3 　　4 1 2 3 4
　　すてきなハラの木　エアー・エアー
　　　　　1 2 3 4 1 2 3 4 　　1 2 3 　　4 1 2 3 4
　　ナウエの海岸　エアー・エアー

　　　　　　1 2 3 4 1 2 3 4 　　1 2 3 　　4 1 2 3 4
　　ゆらゆら揺れてる　エアー・エアー
　　　　　1 2 3 4 1 2 3 4 　　1 2 3 　　4 1 2 3 4
　　近くにハーエナ　エアー・エアー

　　　　　　1 2 3 4 1 2 3 4 　　1 2 3 　　4 1 2 3 4
　　欲しがる目をした　エアー・エアー
　　　　　1 2 3 4 1 2 3 4 　　1 2 3 　　4 1 2 3 4
　　鳥たちは花へ　エアー・エアー

　　　　　1 2 3 4 　　1 2 3 4 　　1 2 3 　　4 1 2 3 4
　　見つける　レフアを　エアー・エアー
　　　　　1 2 3 4 1 2 3 4 　　1 2 3 　　4 1 2 3 4
　　可憐に咲いてる　エアー・エアー

　　　　　1 2 3 4 1 2 3 4 　　1 2 3 　　4 1 2 3 4
　　美しい森　エアー・エアー
　　　　　1 2 3 4 1 2 3 4 　　1 2 3 　　4 1 2 3 4
　　立ちこめる香り　エアー・エアー

　　　　　1 2 3 4 1 2 3 4 　　1 2 3 　　4 1 2 3 4
　　香りはラウアエ　エアー・エアー
　　　　　1 2 3 4 1 2 3 4 　　1 2 3 　　4 1 2 3 4
　　花はモキハナ　エアー・エアー

　　　　　1 2 3 4 1 2 3 4 　　1 2 3 　　4 1 2 3 4
　　伝えたお話　エアー・エアー
　　　　　1 2 3 4 1 2 3 4 　　1 2 3 　　4 1 2 3 4
　　カレレオナーラニよ　エアー・エアー

「ナニ・ヴァレ・ナー・ハラ」とも呼ばれています。
ナウエとハーエナは、カウアイ島にあるビーチの名前です。
実際は、もっと多くの歌詞があります。ここにあげた歌詞もミュージシャンよっては一部が省かれたりしますので、音源に合わせて構成を変えてください。
また、ブラザーズ・カジメロのように、2回目のメロディと小節数が変わる音源があります。
カレレオナーラニはカメハメハ四世の妻、エマ王妃の別名です。エマ王妃は不幸なことに、夫とひとり息子をほぼ同時期になくしていますが、そのあとについた名前です。

ナー・ヴァケーロス
Nā Vaqueros
Hawaiian by Kuana Torres Kahele, Spanish by Jose Acevedo

この歌をヴァケーロへ
花へ スペインの
大地 愛する
もたらされたギター
スペインの土地から
多くの人に

*きれいな女性が踊ってる
　美しい 月のドレス
　とてもすてき
　迫る 胸に 惹かれる心
　愛するひとよ

サドルをつけた馬
フローレンス号に
三本マストの帆船
委託をされて来た
偉大なる王の
カメハメハから

*繰り返し

ああ 愛するひと
音楽で踊る
心ふるわす
美しさは世界一
夜に愛し合う
星空の下

*繰り返し

恋人よ 踊っておくれ
ヴァケーロの歌で

ヴァケーロはスペイン語でカウボーイのことです。
クアナ・トレス・カヘレのオリジナルで、歌詞にはハワイ語にスペイン語が混じっています。
サビの歌詞で出てくる月のドレス（traje de luna）とは何でしょう？　そこで女性が踊っているのがフラメンコだとしたら、フラメンコ用の衣装なのかもしれません。
カメハメハ三世の時代、西洋人からもらった牛が野生化して森を荒らし、問題となっていました。そこでカメハメハ三世はカリフォルニアからスペイン系カウボーイを招聘して、ハワイの人々に牛飼いの技術を学ばせました。そのときにカウボーイが持ち込んだギターが、ハワイの人々に浸透していったと言われています。

ニイハウ
Ni'ihau

by Peter Kai Davis, John K. Almeida

有名なあなた　すてきなニイハウ
シェル・レイはきれい　その土地の

優雅な美しさ　最上のもの
レイを首に　カヘレラニを

ください　その愛を　私のそばに
愛で温める　ニイハウ島

呼ぼう　ニイハウ　その名を
心優しく　愛があふれる

ニイハウ島のシェル・レイ、カヘレラニ貝のレイはとても美しく、フラダンサーのあこがれです。
カヘレラニはかつてニイハウ島を統治していた王であり、その王の名前が貝につけられました。そのことからもわかるように、カヘレラニ貝はとても高貴な象徴です。

ノヒリ・エー
Nohili Ē
by Muriel Amalua

_{3 4 1 2 3 4 1 2　　1 2 3 4　　1 2}
かすむ頭　この私
_{3 4 1 2 3 4 1 2　　1 2 3 4　　1 2}
愛のせい　モキハナへの
_{3 4 1 2 3 4 1 2　　1 2 3 4　　1 2}
こんなこと　めったにない
_{3 4 1 2 3 4 1 2　　1 2 3 4　1}
愛する思い　あるから

_{2 3 4 1　　2 3 4}
*ノヒリよ
_{1 2 3 4 1　2 3 4 1}
浜の音
_{2 3 4　　1　　2 3 4 1 2}
心地よい響き
_{3 4 1 2 3 4 1 (2 3 4)}
この胸に

*繰り返し

_{3 4 1 2 3 4 1 2　　1 2 3 4　　1 2}
飾られる　ポリハレ
_{3 4 1 2 3 4 1 2　　1 2 3 4　　1 2}
海藻で　パハパハの
_{3 4 1 2 3 4 1 2　　1 2 3 4　　1 2}
はね上がる　海しぶき
_{3 4 1 2 3 4 1 2　　1 2 3 4　1}
霧が重なる　崖で

*繰り返し

_{2 3 4 1　　2 3 4 1 2}
ノヒリよ
_{2 3 1 2 3 4 1 2 3 4 1　2 3　4}
この胸に

構成は、マーカハ・サンズ・オブ・ニイハウの音源に基づいています。
カウアイ島西端にあるノヒリの海岸に行くためには、ダートロードを延々と走ることになります。一度行ったことがありますが、悪路で大変でした。でも広がるビーチは、とても素晴らしい眺めでした。
その浜はバーク・サンド（吠える砂）と呼ばれています。

ノホ・パイパイ
Noho Paipai
traditional, credited by John K. Almeida

　　　　　1 2 3 4 1 2 3 4　　1 2 3 4 1 2 3 4
　　しゃがむ僕の　熱い思い
　　　　　1 2 3 4 1 2 3 4　　1 2 3 4 1 2 3 4
　　甘い声のあの子　この胸に

　　　　　1 2 3 4 1 2 3 4　　1 2 3 4 1 2 3 4
　　話しかけて　いるみたい
　　　　　1 2 3 4 1 2 3 4　　1 2 3 4 1 2 3 4
　　"どこに私のレイ　ロゼラニの？"

　　　　　1 2 3 4 1 2 3 4　　1 2 3 4 1 2 3 4
　　見知らぬ君　見知らぬ僕
　　　　　1 2 3 4 1 2 3 4　　1 2 3 4 1 2 3 4
　　鼻キスを交わせば　友だちに

　　　　1 2 3 4　1 2 3 4　　1 2 3 4 1 2 3 4
　　もし　君が　僕といたら
　　　　　1 2 3 4 1 2 3 4　　1 2 3 4 1 2 3 4
　　座る椅子は　揺れている

　　　　1 2 3 4 1 2 3 4　　1 2 3 4 1 2 3 4
　　伝えました　お話を
　　　　　1 2 3 4 1 2 3 4　　1 2 3 4 1 2 3 4
　　甘い声のあの子　この胸に

カーネ・フラの定番ソング。

歌詞一番では、かわいいあの子の声を男性が聞きます。二番では、それがまるで"どこに私のレイは？"、つまり彼氏を探しているように聞こえます。そこで、三番では声をかけて友だちになろうとします。でも、四番では"もしも"と言っていますから、結局声をかけなかったのか、不成功に終わってしまったようです。四番の後半は英語歌詞に変わることがあり、二パターンはあります。多いのが以下のパターンです。

　Somebody's sitting in my rocking chair
　　誰かが座る僕の　ロッキングチェアに

ノ・ルナ
No Luna
traditional

上の海辺の家　カマアレヴァから
目を向ける　モアナヌイカレフアに
住んでいる　マリオの海に
現れる　レフアがそこに
まさにそこに
エア・ラー　エア・ラー　エアー

ホーポエはレフア　高くそびえる
レフアは恐れる　あのお方を
大地を滅ぼして進むから
エア・ラー　エア・ラー　エアー
まさに大地を
エア・ラー　エア・ラー　エアー

ケアアウの小石　ころがる　海で
音が聞こえる　プナの浜から
プナに茂る　ハラの木
エア・ラー　エア・ラー　エアー
炎の波　プナ
エア・ラー　エア・ラー　エアー

歌詞は、ケアリイ・レイシェルの音源に基づいています。
一番の"海辺の家（ka hale kai）"は、地名のカハレカイという説があります。
ペレとヒイアカの神話に出てくるワンシーンが歌われています。ペレの恋人ロヒアウを、カウアイ島まで迎えに行ったヒイアカの物語です。詳しくは「ホーポエ」（p.178）の解説をご覧ください。

対訳の小道
Ke ala iki no ka unuhi
その3

　本書のもうひとつの特徴が、訳が歌のメロディにほぼ沿っていること。曲を聴きながら訳を口ずさめるようになっています。この対訳のしかたにはステップがあります。まず、単語の意味ひとつひとつを訳し下げしていきます。それが終わったら、文をブラッシュアップする作業を行います。たいていは短くします。なるべくメロディの文字数に合わせるわけです。

　例えば「e ku'u ipo」。訳すと「私の恋人よ」です。ハワイ語をタカカナにするとエ・クウ・イポと5文字。メロディに合わせるため、できれば訳も5文字にしたい。そこで「私の」をカットして「恋人よ」にすると、ちょうど合います。

　正確な訳という観点からは「私の恋人よ」がベストです。ただ、ここが日本語の特性に助けられています。日本語は、主語（私は・あなたは）や所有格（私の・あなたの）の省略が可能な言語なんです。もっと言うと、省略するほうが自然な文になるんですね。話の前提として当然の場合、日本語では主語や所有格をカットするんです。

　恋人を歌った日本の歌は数知れずありますが、「私の恋人よ〜♪」と歌う歌詞は、たぶんほとんどないと思います。やはり「恋人よ〜♪」になる。所有格がなくても「私の」という前提が（日本人の）聴き手にはあるから意味は通じるわけです。

　とは言っても、すべての歌詞で省略はしていません。歌によっては、カットしないほうがいい場合があります。字余りかもしれませんが、カットせずにそのままになっています。

ハ行のメレ

ハアヘオ
Ha‘aheo

by Tomoyasu Hotei, ʻōlelo Hawaiʻi by Puakea Nogelmeier

私はいま 空を見上げながら
星に願いを 南の星に
ここに誓う 微笑み続けると
起きたとしても どんな困難が

私の心 あなただけに
流れる涙 せつなくて
願いを星に 祈りを月に
暮らしていても 悲しみの中
ウウウ〜

今がそのとき この愛をあなたに
プライドを あなたに

そう あなたが 教えてくれた
自由のこと 孤独のこと
夜が来ると 抱きしめてくれる
私のこの 震える肩を
ウウウ〜

今がそのとき この愛をあなたに
プライドを あなたに
今がそのとき この愛をあなたに
プライドを あなたに

プライドを

布袋寅泰の作曲、今井美樹の歌でヒットした「プライド」のハワイ語バージョンです。そこで、ハアヘオ(ha‘aheo)はそのままプライドとしました。
ワイプナが、日本のフラの先生から依頼を受けてレコーディングをしました。原曲の日本語歌詞を参考にしながら、また一部はワイプナのメンバーに確認しながら訳しています。

ハアヘオ・カイマナ・ヒラ
Ha'aheo Kaimana Hila
by Mary Kawena Pūku'i, Maddy K. Lam

自慢の カイマナ・ヒラ
灯台があるところ
そびえる 空へと
見守る 大海原を

波が うねる海
漂う香りはリーポア
雲が もくもくのぼり
あなたを飾る いつも

喜ぶ 観光客
眺めるその美しさを
耳にする あなたの名前
遠く離れた国でも

そこで くつろぐ
恋人たち 目はうっとり
ひとときを 美しい
月夜の明かりの下で

伝えてきた 物語
レーアヒ カイマナ・ヒラ
知れ渡った その名前
遠く離れた国でも

レーアヒはダイヤモンド・ヘッドの古語名です。もともとはラエ・アヒでしたが、それがレーアヒになりました。カイマナ・ヒラは、英語名ダイヤモンド・ヒルから生まれたハワイ語です。詳しくは 「カイマナ・ヒラ」(P.57)の解説をご覧ください。

パウオア・リコ・カ・レフア
Pauoa Liko Ka Lehua
tributed to Emma Bush, Samuel Kanahele, Charles W. Booth

ここに
パウオアのレフアのつぼみ
つのる
消えないこの欲望

高まる
目にしてしまったから
運ばれる
堂々としたお尻

スカラップ
あなたのペチコートは
揺れてる
右へと左へと

伝える
この物語を
ここに
パウオアのレフアのつぼみ

訳したら、とても男目線の歌になってしまいました。
実際は八番まである長い歌ですが、一般的にはここに載せた一番二番五番とハイナを踊ります。また、五番の歌詞はバージョンがふたつあって、ここでは以下の歌詞で訳しています。

 Nihoniho mai nei ko pelekoki

 I ka iho 'ākau ho'i i ka hema

ニホニホ（nihoniho）はギザギザのこと。ここではスカラップとしました。スカラップは裾などが波形のデザインのことです。

また、タイトルが「パウオア・カ・リコ・レフア」と微妙に違うのがありますが、タイトルと同じ部分の歌詞が変わるだけで同じ歌です。

ハナレイ・ムーン
Hanalei Moon
by Bob Nelson

^{4 1 2 3 4 1   2 3 4 1 2 3 4 1 2 3}
見てると　ハナレイの月明かりを
^{4 1 2 3 4 1 2 3   4 1 2 3 4 1 2 3}
きっと天国　海辺の

^{4 1 2 3 4 1   2 3 4 1 2 3 4 1 2 3}
そよ風　波がすべてささやく
^{4 1 2 3   4 1 2 3 4 1 2 3 4}
"あなたは私のもの　行かないで"

^{1 2 3 4 1 2 3 4   1 2 3 4 1 2 3}
ハナレイ　ハナレイ・ムーン
^{4 1 2 3   4 1 2 3   4 1 2 3 4 1 2 3}
輝く　愛する　カウアイで
^{1 2 3 4 1 2 3 4   1 2 3 4 1 2 3}
ハナレイ　ハナレイ・ムーン
^{4 1 2 3 4 1 2   3 4 1 2 3 4}
愛しています　あなたを

ハナレイはカウアイ島ノースショアにあるビーチ。
作者のロバート（ボブ）・ネルソンが作曲したのは1974年。あまりにポピュラーですから、「ブルー・ハワイ」のように戦前の歌のような気がしていましたが、意外に新しいんですね。マウイ出身のロバートは、他には「マウイ・ワルツ」を作曲しています。

ハノハノ・オ・マウイ
Hanohano 'O Maui

lyrics by Kahikina de Silva, music by Moe Keale

　　　　　　1 2 3 4 1 2 3 4　　1 2 3 4 1 2 3 4
　　　　素晴らしいマウイ　バラのレイ
　　　　　1 2 3 4 1 2 3 4　　1 2 3 4 1 2 3 4
　　　　美しさは抜群　唯一のもの

　　　　　1 2 3 4 1 2 3 4　　1 2 3 4 1 2 3 4
　　　　初めての私　目にするのは
　　　　　1 2 3 4 1 2 3 4　　1 2 3 4 1 2 3 4
　　　　水は冷たい　イーアオ渓谷

　　　　　1 2 3 4 1 2 3 4　　1 2 3 4 1 2 3 4
　　　　潮騒が海から　プアマナの浜
　　　　　1 2 3 4 1 2 3 4　　1 2 3 4 1 2 3 4
　　　　楽しむところ　人魚のカナナカが

　　　　　1 2 3 4 1 2 3 4　　1 2 3 4 1 2 3 4
　　　　山がそびえる　ハレアカラー
　　　　　1 2 3 4 1 2 3 4　　1 2 3 4 1 2 3 4
　　　　雨は冷たい　ひりつく肌

　　　　　1 2 3 4 1 2 3 4　　1 2 3 4 1 2 3 4
　　　　決めて正解　訪れたのは
　　　　　1 2 3 4 1 2 3 4　　1 2 3 4 1 2 3 4
　　　　ここは暖かい　カーアナパリ

　　　　　1 2 3 4 1 2 3 4　　1 2 3 4 1 2 3 4
　　　　温めてくれる　レレの木陰
　　　　　1 2 3 4 1 2 3 4　　1 2 3 4 1 2 3 4
　　　　消えない明かり　ウラの雨でも

　　　　　1 2 3 4 1 2 3 4　　1 2 3 4 1 2 3 4
　　　　伝えました　聞こえし名を
　　　　　1 2 3 4 1 2 3 4　　1 2 3 4 1 2 3 4
　　　　カマ王のマウイ　最高です

　カヒキナ・デシルヴァがマウイ島を旅したときの思い出を作詞、モエ・ケアレがメロディをつけました。ケアリイ・レイシェルの定番曲になっています。
　レレはオールドタウン、ラハイナの古語名です。
　カナナカはその海に住むという伝説の人魚です。カマ王は、17世紀ころにマウイ島を統治していたカマラーラーヴァル王のことです。

ハノハノ・カ・レイ・ピーカケ
Hanohano Ka Lei Pīkake

lyrics by Puakea Nogelmeir, music by Paleka Mattos

素晴らしいピーカケのレイに
心は揺さぶられる
私の思いを　満たしてくれる
だから私の願いは
身につけたい　あなたを
この胸に　熱く

漂ってくる　香りが
満たす　胸の中を
込み上げる思い　キスしていたい
さわやかな香り
くらくら　甘い香りに
とらわれる　この心

伝えました　願いを
心に秘めた思い
私の思いを　満たしてくれる
だから私の願いは
身につけたい　あなたを
この胸に　熱く

作曲の故パレカ・マトスは、メリー・モナーク・フェスティバルの常勝ハーラウである、フラ・ハーラウ・オ・カムエラのクム・フラです。

パーパー・シア
Pāpā Sia
by Charles Kaʻapa

乗ってるタクシー
まわるタイヤ
パパさん　ねえ
支払いは　あなた

聞いてるのあなた
パパさんったら
ここよママは
言ってるでしょ

人気スポットが
ケワロ・イン
お酒に泡が
なんて高いの

伝えました
お話を
パパさん　ねえ
支払いは　あなた

タイトルのパーパーは英語パパのハワイ語読み、シアはディアのこと。つまりパーパー・シアはディア・パパです。

レストランへタクシーで向かう夫婦。そして歌の主人公はママで主導権もママ。もちろん支払いはパパのほう。夫婦のあるあるソングのようですが、実は友人同士の体験がもとになってるそう。

歌詞一番では単に車（ke kaʻa）と言っていますが、訳ではタクシーとしました。

三番歌詞にはケワロ（Kewalo）という単語が出てきますが、これはホノルルのフィッシャーマンズ・ワーフにあったケワロ・インのこと。1940〜50年代に流行った有名なナイト・クラブで、当時の人気ミュージシャンが演奏をしていました。泡立つお酒は、たぶんシャンパンですね。

パーパーリナ・ラヒラヒ
Pāpālina Lahilahi
by Alice Johnson

大好きなんです あなた
そのほっぺは 柔らか
いつも濡れています
しぶきがきて 海から

いったい何をするの？
そんなに急いできて
わかってるでしょ あなた
花 あなたは もう摘まれた

あげます すべてをここに
頭から つま先まで
なのにいったいどうして
急いでほしがってるの？

伝えてきた お話
そのほっぺは 柔らか
もう一度 伝えます
大好きです あなた

フラダンサーとしてのマストナンバーのひとつ。歌に隠された意味をカオナ（kaona）と言いますが、そのカオナの代表例として引き合いに出される歌としても有名です。

パー・マイ・アナ・カ・マカニ
Pā Mai Ana Ka Makani

by Lydia Nawahine Kekuewa

　　　　　4　1　2　 3　　　 4 1 2 3
　　　吹いてくる　風が
　　　　　4　1　2　 3　　　 4 1 2 3
　　　逆巻いてる　コナ
　　　4 1 2 3 4　1　2　3
　　　私のふるさと
　　　　　4　1　2　 3　　　 4 1 2 3
　　　抱かれて　両親に

　　　　　4　1　2　3 4　1　2　3
　　*懐かしく思い出す
　　　　4 1 2 3　　 4　1　2　3
　　　郷愁　この大地
　　　　4 1 2 3　　4 1 2 3 4 1 2 3　1　2　3
　　　我が家　私の青春

　　　4 1 2 3 4　　1　2　3
　　　美しい　コナ
　　　　4　1　2　3　4　1　2　3
　　　ぽっかり浮かぶ雲
　　　4　1　2　3 4　1　2　3
　　　とっても静かな海
　　　　　4　1　2　3 4　1　2　3
　　　その海は色とりどり

　　　*繰り返し

ハワイ島コナを讃えた歌です。
歌詞二番に出てくるハワイ語 malino（とっても静かな）と mā'oki'oki（色とりどり）は、コナの海を表現するときに使われることばです。

134

ハラルー
Halalū

by Frank Kawaikapuokalani Hewett

　　　1 2 3 4 1 2 3 4　　1 2 3 4 1 2 3 4
　たまらないよ　飲み込むときが
　　1 2 3 4 1 2 3 4　　1 2 3 4 1 2 3 4
　めっちゃうまい　このハラルー

　　　1 2 3 4 1 2 3 4　　1 2 3 4 1 2 3 4
　*揉み揉みする　リムコフと
　　1 2 3 4 1 2 3 4　　1 2 3 4 1 2 3 4
　これが正解　僕の好物

　　1 2 3 4 1 2 3 4　　　1 2 3 4 1 2 3 4
　ドキドキで飲み込む　そのハラルーを
　　1 2 3 4 1 2 3 4　　1 2 3 4 1 2 3 4
　カッカするから　トウガラシで

　*繰り返し

　　1 2 3 4 1 2 3 4　　1 2 3 4 1 2 3 4
　忘れられない　ハラルーのおいしさ
　　1 2 3 4 1 2 3 4　　1 2 3 4 1 2 3 4
　目がかわいいのも　好きなんです

　*繰り返し

　　1 2 3 4 1 2 3 4　　12341234
　伝えました　お話を
　　1 2 3 4 1 2 3 4　　1 2 3 4 1 2 3 4
　めっちゃうまい　このハラルー

　*繰り返し

ハラルーは魚のメアジのことです。
アレアのアルバムに曲の解説が載っています。それによると、作者が少年時代によく食べたのだとか。ハラルーに海藻のリムコフをまぜて味付けをして、最後にチリペッパーウォーターをかければ完成。美味しそうですね。

パーリー・シェル
Pearly Shells
by Webley Edwards, Leon Pober

_{3 4 1 2 3 4　1 2}
真珠貝
_{3 4 1 2 3 4　1 2}
海からきて
_{3 4 1 2 3 4　1 2}
陽できらめき
_{3 4　1 2 3 4　1 2}
おおう　浜を
_{3 4 1 2 3 4　1 2}
眺めてると
_{3 4　1 2 3 4 1 2}
気がつく　君が好きだと
_{3 4 1 2 3　4 1 2 3 4 1　2}
すべての　小さい真珠貝よりも

_{3 4 1 2 3 4　1 2 3 4}
砂粒の数だけ　この浜の
_{1 2 3 4　1 2}
キスを君に
_{3 4　1 2 3 4　1 2 3 4}
それでも足りないから　星の数だけ
_{1 2 3 4　1 2}
青く輝く

ハワイ語バージョンの「プープー・アオ・エヴァ」は160ページにあります。ハワイ語バージョンは土地賛歌ですが、英語のほうはラブソングになっています。

ハレアカラー・フラ
Haleakalā Hula
by Alice Nāmakelua

_{1 2 3 4 1 2}　　_{3 4}　_{1 2 3 4 1 2 3 4}
すてきな山　あなた　ハレアカラー
_{1 2 3 4 1 2 3 4}　_{1 2 3 4 1 2 3 4}
有名なあなた　そびえている

_{1 2 3 4 1 2 3 4}　_{1 2 3 4 1 2 3 4}
ここはマカヴァオ　知られている
_{1 2 3 4 1 2 3 4}　_{1 2 3 4 1 2 3 4}
集めるキノコ　林から

_{1 2 3 4 1 2 3 4}　_{1 2 3 4 1 2 3 4}
ウーキウの雨　この土地の
_{1 2 3 4 1 2 3 4}　_{1 2 3 4 1 2 3 4}
そよ風とともに　心地よく

_{1 2 3 4 1 2 3 4}　_{1 2 3 4 1 2 3 4}
伝えた名前　聞こえたのは
_{1 2 3 4 1 2}　　_{3 4}　_{1 2 3 4 1 2 3 4}
すてきな山　あなた　ハレアカラー

歌詞二番はバージョンがいくつかありますが、以下の歌詞で訳しています。こちらがオリジナルのようです。

'O Makawao ia ua kaulana

I ka 'ohi i ka 'i'o o ka lā'au

カ・イオ・オ・カ・ラーアウは直訳すると"木の肉"ですが、これがキノコなんですね。

ハレイヴァ・フラ
Hale'iwa Hula
by Jennie Nāpua Hānaiali'i Woodd

素晴らしい ハレイワ
我が家がある 愛しの

美しい プアエナ
海のしぶきが ささやく

ハレイワの奥の シュガー・バー
音楽で踊った 星の下
精糖工場のそば ワイアルア・タウン
モクレイアで 羽目を外す

堂々とした ハレイワ・ホテル
歓待する 旅行者を

伝えました お話を
素晴らしい ハレイワ

ハレイワの発音は実際はハレイヴァなので、曲名ではそうしています。
構成は、エイミィ・ハーナイアリイの音源に基づいています。
作者のナープアはエイミィ・ハーナイアリイの祖母です。
歌詞三番のハレイワはホテルを指すので"ハレイワ・ホテル"としています。エイミィの祖母が住んでいた時代、海のそばにハレイワ・ホテルが建っていて、ワイキキとは汽車で行き来ができるようになっていました。ホテルがあったのは、現在のハレイワ・ジョーズ・レストランのあたりです。
英語のパートは、エイミィが加えたのでしょう。シュガー・バーはワイアルアにあったバーですが、今は閉店しています。僕は一度だけですが、ローカルに連れられて飲みに行ったことがあります。

パーレフア
Pālehua

lyrics by Amy Hānaiali'i Gilliom, music by William 'Awihilima Kahaiali'i

呼びかけている あのパーレフアが
　1　2　3　4　　　1　2　3　4
思い出の聖地　忘れられない
　1　2　3　4　　1　2　3　4
その山は名高い　空を開いて
　1　2　3　4　　1 2 3 4 1 2 3 4

とても壮大なところ あのパーレフアは
　1　2　3　4　　　　1　2　3　4
吹き抜けていく風　森の中を
　1　2　3　4　　　1　2　3　4
囲まれている 香りに ユーカリの
　1　2　3　4　　　　1 2 3 4 1 2 3 4

どこにあなたは　パーレフアよ
　1　2　3　4　　1 2 3 4 1 2 3 4

伝えられた この物語
1　2　3　4　　1　2　3　4
呼びかけている あのパーレフアが
　1　2　3　4　　　1　2　3　4
その山は名高い　空を開いて
　1　2　3　4　　1 2 3 4 1 2 3 4

どこにあなたは　パーレフアよ
　1　2　3　4　　1 2 3 4 1 2 3 4
どこにあなたは　パーレフアよ
　1　2　3　4　　1 2 3 4 1 2 3 4

エイミィ・ハーナイアリイの代表曲のひとつです。
以前、彼女がレコーディングをしていたマウンテン・アップルのスタジオがオアフ島パーレフアにあって、そこでの経験をもとに作詞しました。

ハレマウマウ
Halema'uma'u
by Maddy K. Lam, Bill Ali'iloa Lincoln

眺める 美しい ハレマウマウを
炎は有名な 女神ペレ

女帝 あなたは 訪れる人には
この大地は 溶岩だらけ

奪われる その目を 見に来た人は
濡らされながら 霧雨に

伝えられる 物 語
眺める 美しい ハレマウマウを

一番の"女神ペレ"は歌詞では単に ka wahine（女性）なのですが、当然ペレのことなので意訳しています。女神ペレが住むキーラウエア火山のハレマウマウ火口。かつては火口まで行けましたが、続く火山活動で今は立ち入り禁止になっています（2019年現在）。火口の大きさも昔と変わり、深い穴ができあがっています。

ハワイイ・ノー・エ・カ・オイ
Hawai'i Nō E Ka 'Oi

by Harry Nā'ope

<small>1 2 3 4</small>
マウナケアがそびえる
<small>1 2 3 4 1 2 3 4</small>
冷たい水のワイアウ湖
<small>1 2 3 4</small>
冷たい水
　<small>1 2 3 4</small>
　（冷えてしびれる）
冷えてしびれる
　<small>1 2 3 4</small>
　（しびれる肌）
<small>1 2 3 4　1 2 3 4</small>
中心で　マウナケアの
<small>1 2 3 4 1 2 3 4</small>
エ〜エ〜ア〜
<small>1 2 3 4 1 2 3 4</small>
ハワイ島が一番

<small>1 2 3 4　1 2 3 4</small>
見わたすのはマウナロア
<small>1 2 3 4　1 2 3 4</small>
横たわる　静かに
<small>1 2 3 4</small>
白い鶏のよう
　<small>1 2 3 4</small>
　（穏やかに）
<small>1 2 3 4</small>
姿現す
　<small>1 2 3 4</small>
　（静かに）
<small>1 2 3 4　1 2 3 4</small>
抱かれて　聖なる女性に
<small>1 2 3 4 1 2 3 4</small>
ア〜ア〜プ〜
<small>1 2 3 4 1 2 3 4</small>
ハワイ島が一番

<small>1 2 3 4　1 2 3 4</small>
眺めている　美しさを
<small>1 2 3 4　1 2 3 4</small>
その山は　フアラーライ
<small>1 2 3 4</small>
穏やかな風
　<small>1 2 3 4</small>
　（エカの風）
悩ます雨
　<small>1 2 3 4</small>
　（ナーウルの雨）
<small>1 2 3 4　1 2 3 4</small>
濃い霧が　その山に
<small>1 2 3 4 1 2 3 4</small>
ウ〜ウ〜カ〜
<small>1 2 3 4 1 2 3 4</small>
ハワイ島が一番

<small>1 2 3 4　1 2 3 4</small>
伝えました　お話を
<small>1 2 3 4　1 2 3 4</small>
美しい山　三つの
<small>1 2 3 4</small>
マウナケア
　<small>1 2 3 4</small>
　（そびえる）
<small>1 2 3 4</small>
マウナロア
　<small>1 2 3 4</small>
　（壮大な）
<small>1 2 3 4　1 2 3 4</small>
フアラーライは静かに
<small>1 2 3 4 1 2 3 4</small>
ア〜ア〜イ〜
<small>1 2 3 4 1 2 3 4</small>
ハワイ島が一番

構成は、ナー・パラパライの音源に基づいています。
ハワイ島三山、マウナケア、マウナロア、フアラーライを歌っています。"聖なる女性"のワヒネ・カプ（wahine kapu）は、ハワイ島に住む有名な女神のことですね。
"エ〜エ〜ア〜"などは、ハワイ語の単語を引き延ばして歌っているため、そのまま音を表記しました。
ハワイは正確にはハワイイ（Hawai'i）ですので、曲名ではそうしています。

ヒイラヴェ
Hi‘ilawe

by Sam Li‘a Kalainaina

目にする景色は　ヒイラヴェの滝
濡れて輝く　マウケレの崖

逃れた私　鳥の群れから
おしゃべりするから　ワイピオ中で

決して私は　つかまらない
濃い霧だから　山にかかる

最愛の私　両親にとって
かかるレイ　祖父母にとって

プナから香り　運ばれてきた
住むため　滝に　あのヒイラヴェに

伝えられた　物語
目にする景色は　ヒイラヴェの滝

ハワイ島ワイピオ渓谷にある有名な滝ヒイラヴェ。その滝にまつわる伝説が歌われています。実際はもっと長い歌です。

ビヨンド・ザ・リーフ
Beyond The Reef
by Jack Pitman

越えると　珊瑚礁を
海は暗く冷たい
愛するひとは去り
ふたりの夢は儚い

涙は涸れ果て
未練も消えるでしょうか
覚えているかしら
忘れるのかしら

送ります　花をたくさん
貿易風に乗せて
送ります　さみしさを
まだ愛しているから

いつの日かきっと
戻るわ　私のもとに
そのときまで心は
越えたまま　珊瑚礁を

この歌は、男性から女性へ贈った歌です。ですから、相手を指す歌詞の部分は she です。ところが、女性シンガーが歌う場合は she を he にするのが一般的です。女性から男性に贈る歌に変換するわけです。音源では男性歌手が多いですから、当然歌詞はオリジナルの she になりますが、フラの場合は主に女性が踊るでしょうから、女性視点の he で訳しました。

ピリ・カーペケペケ
Pili Kāpekepeke
by Julian Keikilani Ako

　　　１　２　３　４　　　　　１　２　　３　４
　赤いレフアは　とても美しいから
　　　　１　２　３　４　　　１　２　３　４　１　２　３　４
　　とっても無理　静かにさせるなんて
　　１　２　３　４　　１　２　　　　３　４　１　２　３　４　１　２　３　４
　思うようにいかない　愛ってものは

　　　　１　２　　３　４　１　２　　　３　４　１　２　３　４
　飛ぶイイヴィ・ポーレナ　あちこちに
　　１　２　３　４　　１　２　　　３　４　１　２　３　４
　吸うために　蜜を　レフアから
　　　　１　２　３　４　　　１　２　　　　３　４　１　２　３　４
　　とっても無理　静かに　させるなんて
　　１　２　３　４　　１　２　　　３　４　１　２　３　４
　思うようにいかない　愛ってものは

　　　　１　２　３　４　　１　２　　　３　４　１　２　３　４
　さまよっている漁師　大海原を
　　　１　２　３　４　　１　２　　　３　４　１　２　３　４
　求めている　魚を　海深くの
　　　　１　２　３　４　　１　２　　　　３　４　１　２　３　４
　でも捕まらない　コレが　かわいい目の
　　１　２　３　４　　１　２　　　３　４　１　２　３　４
　思うようにいかない　愛ってものは

　　　　　１　２　　３　４　１　２　　　　３　４　１　２　３　４
　見つけた女性は若く　とってもキレイ
　　　　　１　２　　　３　４　　１　２　　　３　４　１　２　３　４
　ウインクを交わして　心臓　ドキドキ
　　　　１　２　　３　４　　１　２　　３　４　１　２　３　４
　でも行っちゃった　彼氏と　イケメンの
　　１　２　３　４　　１　２　　　３　４　１　２　３　４
　思うようにいかない　愛ってものは

　　　　　１　２　３　４　１　２　　　３　４　１　２　３　４
　伝えてきた話　聞いてきました
　　　１　２　３　４　　１　２　　　３　４　１　２　３　４
　かわいくて目がキレイ　鳥のイイヴィ
　　　　１　２　３　４　　１　２　　　３　４　１　２　３　４
　忘れはしない教訓　大切な
　　１　２　３　４　　１　２　　　３　４　１　２　３　４
　思うようにいかない　愛ってものは

　　１　２　３　４　　１　２　　　３　４　１　２　３　４
　思うようにいかない　愛ってものは

　ナーパラパライの音源に基づいています。
　ピリ・カーペケペケは"あいまいな関係"のこと。he mea pili kāpekepeke ka ke aloha は、"愛とはあいまいな関係なもの"という意味ですが、ここでは思い通りにいかない愛のもどかしさを表現して"思うようにいかない"と意訳しました。
　コレはニザダイの仲間です。目の周りが黄色くふちどられていて、愛嬌のある顔をしています。
　イイヴィ・ポーレナについては「カ・ピリナ」(P.68)の解説をご覧ください。

ヒロ・オネ
Hilo One
traditional

ここは　ヒロオネ
つらい　この思い
美しい　エミリーよ
こんなに　愛してるのに

見ている　お調子者が
摘もうと　そのつぼみを
イイヴィ・ポーレナ
あの鳥が　山に住む

お似合いじゃない　彼とは
言うけれど　こちらに
彼といるわ　私　は
骨まで好き　ヘンリーを

伝えた　物　語
ここは　ヒロオネ
美しい　エミリーよ
こんなに　愛してるのに

歌詞に出てくるエミリーは、カラーカウア王の宮廷お抱えダンサーであったエマリア・カイフムアのことです。19世紀末、新聞でしばしばゴシップになるほどの人気ダンサーでした。
歌の主人公は、エミリーに恋する男性。でも残念ながら、彼女の心は他の男性ヘンリー（ヘネリ）のもとへいってしまったのでした。歌詞一番は失恋で落ち込む主人公。二番は彼女を狙うイイヴィ鳥、つまりヘンリーですね。彼はコロへ、要は女たらしだと言っています。三番は、それに反論する彼女のセリフと捉えました。

ヒロ・フラ
Hilo Hula
by Joe Kalima

ここは有名なヒロだね
雨はカニレフアだね
雨が濡らす　肌をね
肌を　やって来る人のね

とてもきれいな景色だね
美しいワイアーケアだね
泉はワイオラマだね
輝やいてる　ハワイ島

ここは有名　モクオラだね
島が海に突き出て
濡れている　島肌が
しぶきが飛んで　海のね

かけるレイは　きれいだね
花には　レフアだね
伝えました　お話を
雨はカニレフアだね

毎回終わりにつくエアー（'eā）は、同意を求めることば。ここでは"だね"と訳して、なるべく毎回つけてみました。ちょっとうるさいかもしれませんが……。
カニレフアはハワイ島ヒロに降る雨の名前です。その意味は"レフアが満足するまで飲む雨"なのですが、カニには音という意味もあるので"レフアをたたく雨"とも解釈をされています。訳では、雨の名前としてそのままカニレフアにしています。

ヒロ・メドレー
Mahalo E Hilo Hanakahi ~ Hilo Ē
by John P. Watkins, Kapulanakēhau Tamuré

ありがとう ヒロ・ハナカヒ
レフアが 咲くパナエヴァ
その好意は 忘れません
訪ねたひとは

美しく 緑深い
その景色は 素晴らしい
多くの友だち 親切な
この土地の

あなた 一番 花では
レフアが 咲くパナエヴァ
そしてマイレ 甘い香り
忘れることはない

伝えた 物語
ありがとう ヒロ・ハナカヒ
多くの友だち 親切な
感謝をここに

ヒロよ

ヒロ ヒロ・ハナカヒ
答えてあなた その名を
家に雨が カニレフアの
香りがする 美しい花

*絡ませる
マイレを パナエヴァの
その香り
甘い香り 鼻に

ヒロ ヒロ・ハナカヒ
答えてあなた その名を

*繰り返し

ヒロ ヒロ・ハナカヒ
答えてあなた その名を
答えてあなた ヒロ 美しい

ナー・パラパライがレコーディンをしているメドレーです。この構成で踊るダンサーも多いと思います。
ヒロ・ハナカヒはハワイ島ヒロにある地名で、その意味は"ハナカヒ王のヒロ"です。
歌詞の"レフアが咲くパナエヴァ"ですが、"咲く"は歌詞にはありませんが補いました。
後半のケーハウ・タムレのオリジナルソングも、とてもすてきです。

147

プア・アアリイ
Pua ʻAʻaliʻi
by Lee Ann Ānuenue Pūnua

　　　　 4 1 2 3 　　 4 1 2 3 　　4 1 2 3 4 1 2
　　　冷たく　降る雨　キープウプウ
　　　　3 4 1 2 3　　　　4 1 2　　3 4 1 2 3 4
　　　震えて　しまった　この肌

　　　　 4 1 2 3 　　 4 1 2 3 　　4 1 2 3 4 1 2
　　　心地よい　濃い霧　マウナケアの
　　　　3 4 1 2 3　　　　4 1 2　　3 4 1 2 3 4
　　　そこで　摘んだ　アアリイの花

　　　　 4 1 2 3 　　 4 1 2 3 　　4 1 2 3 4 1 2
　　　答えて　お花よ　アアリイよ
　　　　3 4 1 2 3　　　　4 1 2　　3 4 1 2 3 4
　　　友は　ゆるがない　風の中

　　　　 4 1 2 3 　　 4 　 1 　 2 　 3 　　4 1 2 3 4 1 2
　　　静かな　マーナでふたり　くつろぐ
　　　　3 4 1 2 3　　　　4 1 2　　3 4 1 2 3 4
　　　隠れて　霧の中　結ばれる

アアリイの実を囲む葉状の小さな果皮をレイに編み込みます。果皮はピンクから赤紫まできれいに染まります。
キープウプウはハワイ島ワイメアに降る、風をともなった冷たい雨。
マーナーはワイメアにある地名。そこにはパーカー牧場のオーナーの家が建っています。

プア・アーヒヒ
Pua ʻĀhihi

lyrics by Mary Kawena Pūkuʻi, music by Maddy K. Lam

<small>2 3 4 1 2 3 4　1</small>
あなたといたい
<small>2 3 4 1 2 3 4　1 2</small>
アーヒヒの花
<small>3 4 1 2 3 4</small>
そのレイを抱く
<small>1 2 3 4 1 2 3 4</small>
愛を込めて

<small>2 3 4 1 2 3 4　1</small>
愛する大事なひと
<small>2 3 4 1 2 3 4　1 2</small>
ここに来る
<small>3 4 1 2 3 4</small>
甘い香りが
<small>1 2 3 4 1 2 3 4</small>
心にしみる

<small>2 3 4 1 2 3 4　1</small>
得がたいあなた
<small>2 3 4 1 2 3 4　1 2</small>
目の前に
<small>3 4 1 2 3 4</small>
高くそびえる
<small>1 2 3 4 1 2 3 4</small>
ラニフリの山

<small>2 3 4 1 2 3 4　1</small>
振り向くあなた
<small>2 3 4　1 2 3 4　1 2</small>
過ごす　ふたりで
<small>3 4 1 2 3 4</small>
温まる私
<small>1 2 3 4 1 2 3 4</small>
あなたの胸で

<small>2 3 4 1 2 3 4　1</small>
伝えました
<small>2 3 4 1 2 3 4　1 2</small>
私のレイ
<small>3 4 1 2 3 4</small>
アーヒヒの花
<small>1 2 3 4 1 2 3 4</small>
ラニフリの

20世紀を代表するクム・フラのひとり、マイキ・アイウ・レイクのハーラウ・ソングとして有名です。
アーヒヒはオアフ島に咲くレフアの亜種で、レフア・アーヒヒ（またはアーヒヒ・レフア）と呼ばれています。

プア・オ・カーマカハラ
Pua O Kāmakahala
by Katie Lahilahi Stevens I'i

ちゃんと聞いて あなた
エ〜エエ〜
花よ カーマカハラの
失わないで あなた
エ〜エエ〜
この固い絆を

特別なはず しっかりと
エ〜エエ〜
あなたの心はここに
それとも未練が あなた
エ〜エエ〜
若い時代をひきずって

稼げないと 丸いのが
エ〜エエ〜
おしまい この絆も
伝えてきたお話
エ〜エエ〜
花は カーマカハラ

多くの音源のタイトルが「Pua O Ka Mākāhala」、"マーカーハラの花"となっていますが、正確には"カーマカハラの花"です。カーマカハラはマーカーハラとは別の種類で、小さな黄色い花を咲かせます。
ケイティ・イイがが、彼女の夫ジェームスのことを歌ったそうです。でも内容が、結婚後も独身時代を懐かしむ旦那をからかう内容。しかも、金の切れ目が縁の切れ目だなんて。歌詞三番の"丸いもの（ka poepoe）"はコインのことです。これじゃ男の立場がない気がしますが、冗談のように歌にできるほど仲が良かったということでしょうね。後に、この歌はイイ・ファミリーのお気に入りソングになったのだとか。ちなみに、ケイティとジェームスは、アンティ・ヴィッキー・イイ・ロドリゲスの祖父母にあたります。

プア・カーネーション
Pua Carnation

by Charles E. King

どこに いったい あなたは
カーネーションの花 私の愛する
運ばれてしまった あなた
風が やさしく吹いて

愛するあなた やってきた
うずきときめく この心
居て あなた 思いがあるなら
戻って ふたり結ばれましょう

ハワイアンソングのレジェンド、チャールズ E キングの曲です。
カーネーションは外国の花ですから、カーネーションが女性だとしたら、彼女は西洋人かもしれませんね。

プア・キエレ
Pua Kiele
by Josh Tatofi

満開の花が 太陽に
息づく大地 降る雨
僕の花 キエレ きれい
甘く香りが 漂う

花が愛しく 空へと
大切に この胸に
僕の花 キエレ きれい
美しさ 他にない 耀いて

吹く やさしく
風が 世界を
愛するひと
レイはあなたの愛

ジョシュ・タトフィ最初のヒットソング。祖母への愛を歌ったと聞いたことがあります。
キエレはガーデニア、クチナシの花のことです。

プア・チューバロゼ
Pua Tubarose
by Kimo Kamana

よみがってくる
その思い出
すてきなチューバロゼ
忘れはしない

話しかけてる
みたい 私に
愛情は尽きない
その花への

愛を私の花に
その甘い香り
編み込んでいく
マイレ・ラウリイ

呼びかける そのレイ
甘い香りで
"戻って ふたりで
結ばれましょう"

伝えてきた
この物語
お花 チューバロゼ
忘れはしない

日本では月下香で知られるチューベローズ（tuberose）ですが、ハワイでは少しスペルが変わり、発音もなまってチューバロゼ（tubarose）となります。

プア・ホネ
Pua Hone
by Dennis Kamakahi

　　　　3 4 1 2 3 4 1 2　　341234123
　　　君がそのひと　愛する
　　　4 1 2 3 4 1 2 3
　　　ここ緑の大地に
　　　4 1 2 3 4 1 2 3 4
　　　甘い花が静かに

　　　4 1 2 3 4 1 2　　341234123
　　　キスをしずくに　マキキで
　　　4 1 2 3 4 1 2 3
　　　僕は君の恋人
　　　4 1 2　　3 4 1 2 3 4
　　　霧よ　その山の

　　　3 4 1 2 3 4 1 2　　341234123
　　　すてきな君が　平原に
　　　4 1 2 3 4　　1 2 3　4 1 2 3
　　　絡まりあう　そのイエイエと
　　　4 1 2 3 4
　　　レイロノで

　　　3 4 1 2 3 4 1 2　　341234123
　　　伝えてきた　物　語
　　　4 1 2 3 4 1 2 3
　　　甘い花が静かに
　　　4 1 2　　3 4 1 2 3 4
　　　美しい　本当に

デニス・カマカヒは、恋人のためにこの歌を作り、電話越しに歌って彼女にプロポーズをしたそうです。
そしてふたりは結婚したのでした。
イエイエはつる性の植物です。自立はできないため、他の木などにつるを這わして伸びていきます。
マキキとレイロノはホノルルにある地名です。

プア・マエ・オレ
Pua Mae 'Ole

by John Squeeze Kamana

<small>341234　1 2 3　 4 1 2 3 4 1 2</small>
お花　私の花　枯れはしない
<small>　 3 4 1 2 3　1 2 3 4 1 2 3 4　1 2</small>
いつまでも　私の希望
<small>341234　　1 2　　3412341234</small>
美しい　あなた　この目に
<small>1 2 3　4 1 2 3 4　1 2 3 4</small>
時が過ぎようと

<small>　　　　1 2 3　　4 1 2 3</small>
きれい　かわいい
<small>41234123</small>
女性です
<small>　4 1 2 3</small>
レイです
<small>　4 1 2　3 4 1 2 3 4　1 2</small>
飾る　祖父母を

<small>341234　1 2 3　 4 1 2 3 4 1 2</small>
お花　私の花　枯れはしない
<small>1 2 3 4 1 2 3 4 1 2 3 4</small>
あなたにこの歌を

ジョン・カマナが、娘に贈った歌です。プア・マエ・オレ（pua mae 'ole）は"枯れないお花"のことですが、彼女の名前でもあります。娘さんのミドルネームは、カナニプアマエオレなんですね。

プア・リーリーレフア
Pua Līlīlehua
by Mary Kawena Pūkuʻi, Kahauanu Lake

どこにいるの あなた
お花よ リーリーレフア
恋人 大切な
とらわれる この思い

あなたは 探し求める
美しいもの この大地の
私は ここにいて
待っている その帰りを

こちらを見つめる あなた
瞳は とてもつぶら
その目は 忘れられない
ときめいている あなたの心

編み込む 愛を込めて
しっかり 八重にと
何もない 分かつものは
私とあなた いつまでも

伝えた 物語
お花よ リーリーレフア
恋人 大切な
とらわれる この思い

ミュージシャンのカハウアヌ・レイクが、有名なクム・フラのマイキ・アイウに贈った歌として知られています。後にふたりはゴールインしたので、愛が成就する歌の代表になりました。
リーリーレフアは、サルビアの花です。

プア・レイ・アロハ
Pua Lei Aloha
by Bill Ali'iloa Lincoln

愛しい 恋人
お花 我がレイ 愛する
編まれて マイレと
私の心に

可憐な あなた
湧く泉です
花です 咲き誇る
香りを甘く放つ

惹かれる この目
美しい お花に
その声 柔らかく
愛とともに誘う

答えて 王女さま
お花 我がレイ 愛する
迎える 飾られて
愛を込めて 心から

ビル・リンカーンが、友人（恋人？）のプアレイアロハに贈った歌です。そのため、音源によってはタイトルが「プアレイアロハ（Pauleialoha）」とワンワードになっています。

歌詞はナー・パラパライの音源に基づいています。オリジナルとは二番1行目がちょっと違います。ナー・パラパライは Ka u'i nō 'oe、オリジナルは Ka u'i mau 'oe。

三番の解釈が分かれるところですが、ビル・リンカーンの原曲が入っているアルバムにある解説を参考にしながら訳しました。

プアアラ
Pua'ala
by Kainani Kahaunaele

香るピーカケ 私が好きな
お花はあなた 香りが鼻に
飾る胸の ぬくもり
カウルヴェラの香り

美しいレイ 親にとって
レイはパカラナ ヘレナを飾る
そこはプウカラ ふるさと
ふもと フアラーライの

ワイコオリヒリヒで くつろぐ
霧のレイが 山にかかる
心地よいのは プーラマの家
おうち 人を迎える

レイ・フルはすてき ヌウアヌの
幾重にもレイが 目をみはる
伝える愛を プアアラに
大事な花 ラニフリの

「ハワイアン・メレ+301」によると、この歌はアイリーン・プアアラ・イーノスへ、70歳の誕生日に贈られました。
レイ・フルは羽毛のレイのことで、高貴な象徴です。

プアマナ
Puamana

lyrics by Charles Kekua Farden, music by Irmgard Farden ʻĀluli

プアマナ
おうちは ラハイナに
花々の 甘い香り
我が家は 愛がいっぱい

私の おうち
囲む ヤシの木々
ヤシの木は そびえて
そよそよと 静かに

家は 美しい
おうち 海のそばの
輝く お月さま
海がささやいてくる

伝えました
このお話を
おうちは ラハイナに
満たされて 幸せに

マウイ島ラハイナのはずれ、海沿いにあった生家の想い出を、1937年にアームガード・ファーデン・アールリが歌にしました。作ったとき彼女はハワイ語が不慣れだったため、英語で書いた歌詞を父親のチャールズ・ファーデンがハワイ語にしました。

アームガードは13人兄弟、彼女は9番目でした。大家族で住んでいたんですね。その場所に家はまだ建っていますが、オーナーは変わり家屋も建て替えられました。近所に住むハワイアンの知り合いに連れられて、近くまで行ったことがあります。その一帯は、庭に出ると正面に海が広がる、すてきな場所です。

プープー・アオ・エヴァ
Pūpū A'o 'Ewa
traditional

*真珠貝
　　　エヴァビーチの
群がる
　　　人々が
騒動を
　　　目撃した
ニュースで
　　　その土地の
そこは
　　　前から有名
先祖代々
道はプウロア
通るはカアフパーハウ
道はプウロア
通るはカアフパーハウ

美しいカアラ　堂々と静かに
山は　有名　エヴァ地区の
つかまえる　風を　その土地の
呼ぶ風はモアエ　"ここにいます　恋人よ"

*繰り返し

そびえ建つ　ポレア　居心地がいい
その家で　楽しむ　来る人々が
くつろぐ　涼しいキアヴェの下
そよぐ　やさしいキウの風が

*繰り返し

「パーリー・シェル」のハワイ語バージョンです。構成は、ケアリイ・レイシェルの音源に基づいています。
プープー (pūpū) は貝一般を指しますが、ここでは"真珠貝"と意訳をしています。
プウロア (Pu'uloa) は、パールハーバーのハワイ語名。
カアフパーハウ (Ka'ahupāhau) は、プウロア湾に住むサメの女神。
ポレア (Polea) は、当時人々に人気だった釣り場だったようです。発音はポーレアかもしれません。
「パーリー・シェル」は 136 ページにあります。

フラ・オ・マキー
Hula O Makee
traditional

いったいどこに　マキー号よ
マルラニ号が　探しまわる

マキー号が　カパアの沖に
傾いたまま　座礁をしている

立ったハイラム　パドルを持って
前へ後ろへと　動かしている

伝えました　この物語を
いったいどこに　マキー号よ

1897年、カウアイ島カパアの沖合で強風にあおられて難破した船のジェームズ・マキー号と、救助にかけつけたW. G. ホール号（別名マルラニ号）の実話が、歌の題材になりました。船名のマキーは、船会社の創業者の名前です。マキーは生粋のアメリカ人。ですから、名字のMakeeはハワイ語に見えますが、実際は英語です。母音と母音の間にオキナが入らないのも英語だからですね。
実際は七番まで歌詞があります。
三番に出てくるHailamaは、人名ハイラムのハワイ語読みです。

ファイアーマンズ・フラ
Fireman's Hula
by Matilda Kauwe

_{1 2 3 4 1 2 3 4　　1 2 3 4 1 2 3 4}
有名です　この消防団は
_{1 2 3 4 1 2 3 4　　1 2 3 4 1 2 3 4}
ナンバーワン　その腕前は

_{1 2 3 4 1 2 3 4　　1 2 3 4 1 2 3 4}
音がする　サイレンの
_{1 2 3 4 1 2 3 4　　1 2 3 4 1 2 3 4}
素早く行動　風を切って

_{1 2 3 4 1 2 3 4　　1 2 3 4 1 2 3 4}
いち早く聞く　その番地を
_{1 2 3 4 1 2 3 4　　1 2 3 4 1 2 3 4}
指令センターから　町にある

_{1 2 3 4 1 2 3 4　　1 2 3 4 1 2 3 4}
やりとげる　ナンバーワンのひと
_{1 2 3 4 1 2 3 4　　1 2 3 4 1 2 3 4}
かっこいい男たち　キリッとした目の

_{1 2 3 4 1 2 3 4　　1 2 3 4 1 2 3 4}
伝えました　このお話を
_{1 2 3 4 1 2 3 4　　1 2 3 4 1 2 3 4}
ナンバーワン　その腕前は

消防署の男たちの歌です。
二番、歌詞ではベル（pele）になっていますが、今風にサイレンと訳しました。

ブルー・ハワイ
Blue Hawai'i
by Leo Robin, Ralph Rainger

夜とあなた
そしてブルーハワイ
その夜は天国
あなたも天国　私には

すてきなあなた
そしてブルーハワイ
素晴らしいことばかり
この愛もきっとそう

ついておいで　月が海で輝く間は
夜は始まったばかり　私たちのように

夢がかなう
ブルーハワイでは
私の夢もすべてかなうだろう
魔法の夜をあなたと共に

1937年の映画「ワイキキの結婚」でビング・クロスビーが歌ってヒット、戦後の1961年になってエルビス・プレスリーが映画「ブルー・ハワイ」で歌って、爆発的な大ヒットとなりました。

ヘ・アロハ・クウ・イポ
He Aloha Kuʻu Ipo

lyrics by Mary Kawena Pūkuʻi, music by Maddy K. Lam

<small>4 1 2 3　　4 1 2 3　　4 1 2 3 4 1 2 3</small>
愛する　恋人　私の親友
<small>4 1 2 3　　4 1 2 3　　4 1 2 3 4 1 2 3 4</small>
情熱　深く　心の底に

<small>4 1 2 3　　4 1 2 3　　4 1 2 3 4 1 2 3</small>
まるで　あなたは　ロケラニの花
<small>4 1 2 3　　4 1 2 3　　4 1 2 3 4 1 2 3 4</small>
湿らす　雨が　朝立ちの

<small>4 1 2 3　　4 1 2 3　　4 1 2 3 4 1 2 3</small>
抱いた　香りが　胸に残る
<small>4 1 2 3　　4 1 2 3　　4 1 2 3 4 1 2 3 4</small>
大事な　宝もの　思いはいつも

<small>4 1 2 3　　4 1 2 3　　4 1 2 3 4 1 2 3</small>
あなたと　私は　編み込まれる
<small>4 1 2 3　　4 1 2 3　　4 1 2 3 4 1 2 3 4</small>
そのレイは　枯れない　愛があるから

<small>4 1 2 3　　4 1 2 3　　4 1 2 3 4 1 2 3</small>
伝えて　きました　この物語
<small>4 1 2 3　　4 1 2 3　　4 1 2 3 4 1 2 3 4</small>
情熱　深く　心の底に

作詞メアリィ・カヴェナ・プークイ、作曲マディ・ラム。このゴールデンコンビでふたりは多くの歌を作りました。
ロケラニは、マウイ島を象徴する小ぶりのバラの花です。

ヘ・アロハ・モク・オ・ケアヴェ
He Aloha Moku O Keawe

lyrics by Emalia Kaihumua, music by Bill Aliʻiloa Lincoln

大好きな島　ケアヴェの
大地は美しく　平和が包む

比べると　カリフォルニアと
ハワイ島が一番　島の中で

気づく　雪が　白く染める　肌を
温めてくれた　暖炉の火が

大地は壮大　目の前に
すっかり覆われる　霧が立ちこめて

つねる寒さは　まるで恋人
せきたてる　私を　戻っておいでと

伝えたのは　この物語
愛するふるさと　私のレイよ

構成は、ナー・パラパライの音源に基づいています。
ハワイ王国の宮廷ダンサーであったエマリア・カイフムアが遠征でアメリカ本土に行ったとき、ハワイへの郷愁を歌にしました。
ケアヴェの島はハワイ島のことです。ハワイ島はケアヴェ王が統治をしていた時代がありました。
ハイナの2行目 "ふるさと" のハワイ語歌詞は " 大地（ʻāina）" ですが、異国にいる情景を思い浮かべて意訳しました。

ヘ・アロハ・ノー・オ・ホノルル
He Aloha Nō ʻO Honolulu

by Lot Kauwe

さようなら　ホノルル
雨はクーカラハレ
出口は　マーマラ湾の
すでに後ろのほうへ
現れる　前方に
ウルの木陰　レレの
町明かりはいつも
消えない　カウアウラの風でも

進んでいく　海原を
見えてきたウポル岬
入港する　マーフコナに
吹く風はアーパアパア
急いで　遅れているから
ここはカワイハエ港
突然降るナーウルの雨
その風で波打つ海

出航する　マウナロア号
風が凪いだコナから
入るのはホオケナ港
カペヴァアオカマニニの浜
(尾びれは魚のマニニ)
伝えたお話は
素晴らしいコナ
コナの穏やかな海
知られている　人々に

作者の故郷ハワイ島へ、ホノルルから船に乗って帰郷する物語です。
レレはマウイ島ラハイナの古語名です。
カペヴァアオカマニニ (Kapewaaʻokamanini) は地名です。その意味は "魚のマニニの尾びれ"。固有名詞なのでワンワードですが、単語ごとに区切ると ka pewa aʻo ka manini です。訳では () に入れて併記しました。
ここに載せたのは一・二・五番で、実際は三・四番があります。ほとんど歌われることはありませんが、ナー・パラパライが全バースを録音しています。

166

ヘ・アロハ・ノー・オ・ワイアナエ
He Aloha Nō 'O Wai'anae
by Larry Arieta

　　　　1 2 3 4 1 2 3 4
　　　愛するワイアナエ
　　　　1 2 3 4 1 2 3 4
　　　灯台があるところ
　　　1 2 3 4 1 2 3 4
　　　見てみて
　　　　1 2 3 4　　1 2 3 4
　　　ラー・エアー・エアー

　　　　1 2 3 4 1 2 3 4
　　　ヤシの葉がそこに
　　　1 2 3 4 1 2 3 4
　　　見てみて
　　　　1 2 3 4　　1 2 3 4
　　　大好きです　あなた
　　　　1 2 3 4　　1 2 3 4
　　　ラー・エアー・エアー

　　　1 2 3 4 1 2 3 4
　　　明るく輝く
　　　1 2 3 4 1 2 3 4
　　　月の明かり
　　　1 2 3 4 1 2 3 4
　　　見てみて
　　　　1 2 3 4　　1 2 3 4
　　　ラー・エアー・エアー

　　　　1 2 3 4 1 2 3 4
　　　お話を伝えました
　　　　1 2 3 4 1 2 3 4
　　　愛するワイアナエ
　　　1 2 3 4 1 2 3 4
　　　見てみて
　　　　1 2 3 4　　1 2 3 4
　　　ラー・エアー・エアー

オアフ島ウエストサイドの町、ワイアナエの賛歌。
灯台が出てきますが、今はなくなっているようです。
何度も出てくるフレーズのケ・イケ・マイ（ke 'ike mai）ですが、主語を誰にするかで解釈が分かれます。
たとえば、主語が私なら"私は知っている"。主語があなたなら"あなたがこちらを見る"という訳が成り立ちます。ここでは主語を"あなた"にしていますが、"私"もありですね。

167

ヘ・ウイ
He U'i
by Danny Kua'ana

かわいいあなた 見るたびに
大切な花 太陽のもと
あなたは私の好きな
お花 抱きしめている

あなたは花 もう摘まれた
抱きます この肌に
あなたへ 私の思いを
飾る ヒーナノのレイで

そんなにじらさないで あなた
私のレイ ひとつだけの
あなたのイキイキした目
いったい何をするの？

話を伝えました
伝えた美人 太陽のもと
あなたは私の好きな
お花 抱きしめている

一番のケ・イケ・マイ（ke 'ike mai）は"見るたびに"としていますが"知っています"のように訳すこともできます。
三番に出てくるマカ・エウエウ(maka 'eu'eu)の"イキイキした目"を、"ギラギラした目"のように訳すと、もっと意味深になってきそうです。

ヘネヘネ・コウ・アカ
Henehene Kou 'Aka
traditional

ケラケラと笑う君
なんだか楽しそう
いつものことだね
そんな君と僕

路面電車の振動で
揺れる君の体
いつものことだね
そんな君と僕

カカアコへみんなで
食べに ビーフシチューを
いつものことだね
そんな君と僕

ワイキキへみんなで
泳ぎに 海で
いつものことだね
そんな君と僕

カパフルへみんなで
食べに リーポアを
いつものことだね
そんな君と僕

お話を伝えます
君はなんだか楽しそう
いつものことだね
そんな君と僕

ここで歌われている"君と僕"は、カメハメハスクールの学生だったフランシス・ポノ・ビーマーとルイーズ・ウォーカーのことだそうです。後にふたりは結婚します。ミュージシャンのケオラ&カポノ・ビーマーは、ふたりの孫にあたります。

ヘ・レイ・ノ・アウラニ
He Lei No ʻAulani
by Kealiʻi Reichel, Mark Mancina

ここは 美しい
平和で暖か 穏やかな
聞いてください この声を
迎える声を 鳥たちを

ここにある 客室は
庇護にあります ラアコナ王の
囲まれて その風に
心地よい風 カイアーウルの

*歓迎のレイをどうぞ
ようこそあなた
平和なアウラニに

マイレが コイアヒの
胸を飾ります 子供の
ここがオアフ ルア神の
最高の場所 島中で

あなたに この飾りを
伝える愛は 尽きません
身につけて このレイを
あなたが旅で 訪れたから

*繰り返し

ケアリイ・レイシェルが、オアフにあるアウラニ・ディズニー・リゾート＆スパのために書き下ろしました。歌詞一番の"鳥たち"はホテルを訪れる人々、四番の"子供"は宿泊客のことですね。
僕はまだ宿泊未体験なので、泊まったひとに聞いたところ、チェックインのときにレイをかけられるそうです。

ヘ・レイ・マカナ
He Lei Makana

by Sean Naʻauao, Kauʻi Naʻauao

その中心で 遙か天空の
割れていく雲 昇っていく太陽

*マナがあなたの中に
　力強くしっかりと
　きらめくその愛
　目の中に あの女性(ひと)の

新たな一日 花のつぼみが
彩る 大地を すくすく育って

*繰り返し

座りながら 浜辺に 満ちたのです 確信に
見えたのは正しき道 愛に導かれた

*繰り返し

呼びます あなたの名を バラの花 素晴らしい香り
レイの贈り物をここに 編みました あなたに

*繰り返し

マナ（mana）は高貴な人物に宿るスピリチュアルなパワーのことです。ここでは訳さずにそのまま使いました。
カウイ・デリレイが姉のカプア・デリレイのために書いたそうです。歌詞に登場する"女性"は、カプアのことですね。

ホオイポ・イ・カ・マラナイ
Ho'oipo I Ka Malanai

by Natalie Ai Kamauu

*この思い　この愛を
　愛するひと　私のレイへ
　愛を交わす
　マラナイに吹かれて

　彩る　その森を
　すてきな香り　愛しい
　美しい　完璧な
　アヴァプヒ・マイン

　心の友　キオヴァオの霧
　濡れていく　その森
　美しさ　忘れない
　アヴァプヒ・マイン

*繰り返し

　囲んでる　涼しい香り
　引きよせられていく
　美しさ　比べられない
　アヴァプヒ・マイン

　明かす　この思いを
　赤く照らす　太陽
　美しさ　終わらない
　アヴァプヒ・マイン

*繰り返し

　答えてレイよ　大切な
　美しい　本当に
　私の花　そのレイ　アヴァプヒ
　マイン

ナタリー・アイ・カマウウが愛する夫を歌った熱烈なラブソングです。
マラナイはオアフ島カイルアに吹く風、キオヴァオはヌウアヌにかかる霧です。
マイン（mine）は"私のもの"の意味で、歌詞中でそこだけ英語です。あえて英語を使うことで、ことばの響きがとても印象に残る歌なので、訳でもそのまま"アヴァプヒ・マイン"としてみました。

ホオキパ・パーカ
Hoʻokipa Pāka

by Alice Johnson

　　1 2 3 4 1 2 3 4
とても自慢の
　1 2 3 4 1 2 3 4
ホオキパ公園
　　1 2 3 4　　1 2 3 4
憩いの場所　みんなの
　1 2 3 4 1 2 3 4
行ってリラックスする
　1 2 3 4　　1 2 3 4
くつろげる　本当に

　1 2 3 4　　1 2 3 4
くつろぐ　ゆっくりと
　1 2 3 4 1 2 3 4
ここに座って
　1 2 3 4　1 2 3 4
木陰に　ハウの木の
　1 2 3 4 1 2 3 4
木陰をあなたに
　1 2 3 4 1 2 3 4
陰は心地がいいでしょう

　1 2 3 4 1 2 3 4
本当に素敵
　1 2 3 4 1 2 3 4
この眺めは
　　1 2 3 4 1 2 3 4
サーフボードで波乗り
　　1 2 3 4 1 2 3 4
波が砂州に立つ
　　1 2 3 4 1 2 3 4
そのビーチは有名

　1 2 3 4　　1 2 3 4
濡れる私　飛沫で
　1 2 3 4 1 2 3 4
しずくが流れる肌
　1 2 3 4 1 2 3 4
波しぶきが飛んできて
　1 2 3 4 1 2 3 4
チクチク肌を濡らす
　1 2 3 4 1 2 3 4
冷えて鳥肌がたつ

　1 2 3 4　　1 2 3 4
答えて　名前を
　1 2 3 4 1 2 3 4
ホオキパ公園よ
　　1 2 3 4　　1 2 3 4
憩いの場所　みんなの
　1 2 3 4 1 2 3 4
行ってリラックスする
　1 2 3 4　　1 2 3 4
くつろげる　本当に

マウイ島のホオキパ・ビーチ公園を歌っています。サーファーやウインド・サーファーにとって有名なビーチで、風が弱い午前はサーフィン、風が吹き出す午後はウインド・サーフィンやカイト・サーフィンを楽しむひとで賑わいます。僕もマウイ島へ行くと、いつも波乗りをするのがホオキパです。

ホオハエハエ
Ho'ohaehae
by Lena Machado

ここへあなた　ここへあなた
あなた　すてきなひと
ここへあなた　ここへあなた
あなた　すてきなひと
その目は思わせぶり
そんな誘う態度なら
ここへあなた　ここへあなた
あげる　私のキス

お話です　お話です
あなた　すてきなひと
お話です　お話です
あなた　すてきなひと
その目は思わせぶり
そんな誘う態度なら
ここへあなた　ここへあなた
あげる　私のキス

私はここ　私はここ
あなた　すてきなひと
私はここ　私はここ
あなた　すてきなひと
どうかしら　この体
どうかしら　この腰つき
私はここ　私はここ
頭から足まで

別名「マアネイ・マイ・オエ」です。
歌詞二番の"頭から足まで（mai ke po'o a ka hi'u）"の直訳は"頭から尾っぽまで"。これは、全身あなたのもの、と相手にアピールするフレーズです。"頭からつま先まで"ともよく訳されます。

ホオヘノ・アオ・ピイラニ
Ho'oheno A'o Pi'ilani
traditional

1 2 3 4 1 2 3 4　　1 2 3　　4 1 2 3 4
大切なこれは　甘いレイ　ロゼラニ
1 2 3 4 1 2 3 4　　1 2 3 4 1 2 3 4
マウイの入り江　ピイラニ王の

1 2 3 4 1 2 3 4　　1 2 3 4 1 2 3 4
高くそびえる　ハレアカラー
1 2 3 4 1 2 3 4　　1 2 3 4 1 2 3 4
山は名高い　私のふるさと

1 2 3 4 1 2 3 4　　1 2 3 4 1 2 3 4
編まれていく　針が通される
1 2 3 4 1 2 3 4　　1 2 3 4 1 2 3 4
レイになる　あなたと私

1 2 3 4 1 2 3 4　 1 2 3 4 1 2 3 4
伝えられた　物　語
1 2 3　　4 1 2 3 4　　1 2 3 4 1 2 3 4
甘いレイ　ロゼラニ　ピイラニ王の

一番にある歌詞 "nā hono a'o Pi'ilani" はマウイ島の別称です。マウイ島は入り江が多いので、マウイの王であったピイラニにちなんで、このように呼ばれています。
三番ですが、レイができあがってあなたと私を飾る、という解釈が一般だと思いますが、文法的にはその作られたひとつのレイがあなたと私そのもの、とも読み取れます。そこで、"レイになる　あなたと私" と訳してみました。

ホノムニ
Honomuni

by John Pi'ilani Watkins

さあふたりで ドライブだ
へっちゃら坂も ジープだから
美しいところ ホノムニは
でしょう？
その家が迎えてくれる

有名なあなた モロカイ島
温かい愛を 来るひとへ
景色は美しい カラウパパ
でしょう？
そのレイはククイ

偉大なモロカイ ヒナ神の
多くの友だち この土地の
いやなことも忘れてしまう
でしょう？
祈りをピイラニ王へ

伝えてきた 物語
温かい愛を 来るひとへ
景色は美しい カラウパパ
でしょう？
そのレイはククイ

ホノムニはモロカイ島にある地名です。
ワイプナの音源を参考にしていますが、音源によっては小節（カウント）の数が違いますのでご注意ください。

ポーハイ・ケ・アロハ
Pōhai Ke Aloha
by Lena Machado

包む　愛情が
その体を
あなたの微笑み
涙を浮かべて
気高い　雨が　天から　濡らしてくる
あなたの頬を

忍び寄ってくる
雷雲
目の前には
ハウの木が三本
カマラニ　カマヌイ　カマイキ　住まい
船長たちのため

答えて　私の天使
バラのレイ　マウイの
糸が通される
愛を込めて
結ばれて　思い出　共に　ふたりは
満たされて

レナ・マシャードが、海沿いに住むメキア・ケアラカイと彼の妻を歌いました。メキア・ケアラカイはロイヤル・ハワイアン・バンドの指揮者に就任し、レナ・マシャードを楽団の歌手として起用した人物です。
歌詞二番、家のハウの木に名付けられたカマラニ、カマヌイ・カマイキは、ケアラカイ夫婦と息子を指しています。
"住まい　船長たちのため (ka home o nā ali'i holokai)" ですが、直訳は "海を行く王族たちの家" です。この歌詞は、海から見える3本のハウの木が、船乗りにとって目印だったことを指しているそうです。そこで、少し意訳をしました。
原曲は歌詞が一部違いますが、一般的にこちらの歌詞で歌われています。

ホーポエ
Hōpoe

by Frank Kawaikapuokalani Hewett

火の波 キーラウエア 火の波 プナ
覆う溶岩 ペレの
赤い海 オレンジの海
火の海の道 ペレの

*すすり泣く
　すすり泣く
　むせび泣く

嫉妬の波 すべてを砕く
滅ぼす 私のレフアを
泣くホーポエ 向かうはハーエナ
ひとつもない 生きるすべは

*繰り返し

灼熱のキーラウエア 灼熱のプナ
噴き出す炎 ペレの
守ると ホーポエを 守ると レフアを
守ると 愛する人を

*繰り返し
*繰り返し

カウアイ島に住む恋人のロヒアウを、ハワイ島まで連れてくるようペレに命じられた妹のヒイアカ。ヒイアカはロヒアウには触れないという約束をし、かわりにペレはヒイアカの親友ホーポエが住むレフアの森に手を出さないと約束します。しかし、ヒイアカは約束を守っていたにもかかわらず、嫉妬深いペレはこらえきれず噴火を起こし、レフアの森を焼き尽くします。そして、ホーポエを溶岩のかたまりにしてしまいました。
構成は、マカハ・サンズの音源に基づいています。
対訳に際しては、作者カワイカプオカラニ・ヒューエットの英訳を参考にしています。
三番に出てくるケ・カナカ（ke kanaka）は人のことですが、ヒューエットの英訳ではホーポエとなっていたのでそれにならっています。
歌の最後は"守ると言ったのに"と、ペレが約束を破ったことをヒイアカが嘆いています。悲しさが込められていますね……。

ホメ・カパカ
Home Kapaka
lyrics by Milla Petersen, music by Maddy K. Lam

すてきなその家　カパカにある
迎えられる子ども　たくさんの

潮騒が海から　静かに届く
リーポアの香りが　漂ってくる

眺めは美しい　カリウヴァア渓谷
美しい滝　セイクリッド・フォール　大好きな

戻ろう　家に　親のもとへ
楽しく過ごそう　仲間たちと

伝えた歌は　カパカのお話
迎えられる子ども　たくさんの

カパカはオアフ島イースサイドにある古い地名、場所はポリネシア・カルチャー・センターに向かう手前あたりです。山側にはカリウヴァア渓谷があり、聖なる滝と名付けられたセイクリッド・フォールがあります。滝までトレイルがありますが、1999年の落石事故以来閉鎖されています。
「ハワイアン・メレ1001」によると、作者マディ・ラムの家族が長年カパカに住んでいたそうです。

ポー・ライライ
Pō Laʻilaʻi

lyrics by Mary Kawena Pūkuʻi, music by Maddy K. Lams

ふたりでお散歩
輝く夜 澄んだ月
眺めてくつろぐ
星々 夜空の

漂う香りは
お花 それはピーカケ
運ばれてくる
そよ風に乗って

聞こえてくる音は
甘い調べ ウクレレの
歌声も 陽気に
わくわくするこの心

戻ろう ふたりで 丘に
灯っている 明かりが
まるで星のように
輝いてる その丘で

お話を伝えました
輝く夜 澄んだ月
聞こえてくる音は
甘い調べ ウクレレの

歌詞四番は、急斜面（pali）に建つ家の明かりが星のようと歌っています。そこで"斜面"でもよかったのですが、おさまりのいい"丘"としました。
ハイナの最後二行を以下で歌うバージョンがあります。

　　眺めてくつろぐ
　　　星々を　天の

ハワイでは外灯の明かりがオレンジで統一されています。観光地として景観に配慮しているのだとか。タンタラスの丘に何度か行きましたが、そこから見るホノルルの夜景は最高です。一面に広がる街や郊外のオレンジ色の明かりが星のようにきらめいていました。

ホラ・エ・パエ
Hola E Pae
by Charles E. King

しゃがみ込む　僕は外で
中には君　その部屋に
音がする　時を打つ
見えるのは雲のかたまり

運んできた　愛するひとを
あのワシが　黄色い羽の
そしてさらう　あの鳥が
そのハトの目はすてき

私は違う　恐れないわ
一万の軍勢率いた
ナポレオン皇帝なんて
父なんて　家を支配する

伝えてきた　このお話
中には君　その部屋に
音がする　時を打つ
見えるのは雲のかたまり

別名「五時フラ（5 O'clock Hula）」という名がついています。時を打つ音は五時の時報ですね。
ここでは、五時に彼女を家に迎えに行った彼氏の話と捉えてみました。でも家には、ナポレオンのように
彼女を支配する父親がいる。それでも娘は、父親なんか恐くないと勇気をふり絞って出かけます。ワシは
権威の象徴ですから父親、ハトは彼氏のことでしょう。
一番は彼氏目線、三番は彼女目線で訳しています。

ポリアフ
Poli'ahu

by Frank Kawaikapuokalani Hewett

涙の ポリアフ
傷ついた 愛の心
悲しい 去ったから
アイヴォヒクプアよ

*戻って
愛しいひとよ
戻って
契りを ふたりで
戻って
戻ってあなた
戻ってあなた

かじかむ 雪の聖地
マウナケア山
もういない 愛するひと
温めてくれるひとは

*繰り返し

残った 愛の記憶
過ぎ去った日々を
涙にしまう その瞳に
さみしすぎるから

*繰り返し

レイは あなたの愛
私をすべて飾る
胸から 離れはしない
季節が過ぎようとも

*繰り返し

　　構成は、作者カワイカプオカラニ・ヒューエットの音源に基づいています。
カウアイ島の王族アイヴォヒクプアと恋仲になる雪の女神ポリアフ。しかし、悲しいことに、アイヴォヒクプアには口説き続ける本命のプリンセス、ラーイエイカヴァイがいました。結局アイヴォヒクプアはラーイエイカヴァイにフラれ、ポリアフと結婚することになります。ところが、マウイの王女とも婚約していたことが発覚。さすがのポリアフも愛想を尽かし、彼に罰を与えて去ってしまいます。しかし、この歌では"戻ってきて"とポリアフは連呼しています。別れても好きなひと……そんなせつない女心を歌ったのかもしれませんね。

ポリナヘ
Polinahe

by Wailau Ryder, Lorna Lim

どこにあなた 恋人よ
その声 やさしく
思い この愛に
ふるえる心

＊真実の愛
　そよ風吹く
　心地よく くつろいで
　思い出す 愛とともに
　恋人 ポリナヘよ

ここで私 恋人よ
待っている あなたを
あなたは戻り
結ばれる 永遠に
　　　　　とわ

＊繰り返し

伝えた話 恋人よ
その声 やさしく
思い この愛に
ふるえる心

＊繰り返し

ポリナヘはそのままにしていますが、意味は"すてきな声を持つ(nahe)心の持ち主(poli)"です。CDレーベルの公式サイトの解説では"純粋な心"となっていました。

ホロホロ・カア
Holoholo Ka'a

by Clarence William Kalea Kinney

さあふたりで　ドライブへ
回るタイヤ　遠くへ行く
くつろぐ君　すっかりと
メーターが上がっていく

ちらちら見る君　隣を
風切り音が　強くなる
平気さ　上りも　下りも
カーブだらけの道も

気になるのは　ガタガタ音
バネが折れたか　上下をつなぐ
収まってきた　興奮も
楽しんだから　たっぷりと

照らしてくれる　お月さま
顔を出して　雲の中から
とうとう僕たち　てっぺんに
さあ戻ろう　ふたりで

伝えた飾りは　僕のレイ
戻っていくよ　ふたりで
匂ってくる　ガソリンが
（アクセル踏んで　まっしぐら）
回り続けるタイヤ

この歌は、クラレンス・キニーからジョン・K・アルメイダへ贈られました。
音源によっては歌詞の三番が省かれることがあります。また、三番と四番が入れ替わる場合があります。
歌詞四番の歌詞 ka pi'ina pau（てっぺんの終点）が、ka palena pau（境界の終点）になっているバージョンがあります。
また、ハイナの3行目が英語歌詞になったりしますが、いくつか異なるバージョンがあります。ここでは一般的な以下の歌詞の訳になっています。その訳は（）に入れました。
 Step on the gas, going my way

ホロ・ワアパー
Holo Waʻapā
by Lena Machado

ふたり一緒に　カヌー漕ぎ
ゆっくりつかむ　パドルを
前へ後ろへ　しっかりと
気にしない　揺らすうねりは

漕ぐ　あなたは　パドルで
イヴァ鳥が　滑空するように
愛馬ミニーが　駆けるみたい
素晴らしい　波に乗るのは

舳先を向ける　風に合わせ
北東　北西　南西へ
そうして操る　カヌーを
面舵！　いっぱい　パドルで

伝えました　お話を
ふたり一緒に　カヌー漕ぎ
前へ後ろへ　ちゃんと漕ぐ
気にしない　揺らすうねりは

レナ・マシャードが、ワイキキで乗ったアウトリガー・カヌーの体験をもとに歌を作ったそうです。今もワイキキの名物である、あの波に乗るアクティビティです。
アウトリガー・カヌーでは、オールではなくてパドルと言います。
ハイナの2行目ですが、レナのオリジナルは Lawe mālie ka lima i ka hoe（ゆっくりつかむ　パドルを）なのですが、ここではブラザーズ・カジメロでお馴染みの Kāua i ka holo waʻapā のほうで訳しています。
私ごとですが、湘南にいくつかアウトリガー・カヌーのクラブがあり、僕は1999年頃からクラブに所属して漕いでいます。

対訳の小道
Ke ala iki no ka unuhi
その4

　ハワイ語には文字がないためアルファベットが代用されています。母音が5つ(a, e, i, o, u)と子音が7つ (h, k, l, m, n, p, w) です。ところが、1文字、アルファベットで表記できない文字がありました。そこで記号を代用することに。それがオキナ('okina)です。アポストロフィの「'」をひっくり返した「'」を使います。オキナは母音の前にだけ使って、表記が「'a, 'e, 'i, 'o, 'u」になるので、見た目は母音についた記号にしか見えません。でも、ハワイ語ではれっきとした文字です。これで子音8つ (h, k, l, m, n, p, w, ')、合計13字となります。

　ハワイ語にはもうひとつ、カハコー（kahakō）があります。こちらは記号です。日本のローマ字表記にもある長音記号 (ā, ē, ī, ō, ū) です。ただ、これが微妙なのですが、ハワイ語のカハコーは1文字分伸ばすとは限りません。感覚的には半文字分だったりします。あくまで長音記号に近いのがカハコーと覚えておきましょう。

　カハコーは原則「ー」で表しています。地名の表記が多いですが、例えば東マウイ島にある町のハナ。正確にはカハコーがつくため、ハーナ(Hāna)と表記しています。ただ、ワイキキのようにあまりに定着した名前については曲名にだけワイキーキー（Waikīkī）とカハコーを反映し、訳詞ではワイキキにしています。

　オキナは表記していません。「オ'アフ」のような方法はあるのかもしれませんが、使っていません。すみませんが、省略しています。オキナをどう表せばいいのか……対訳者の永遠のテーマかもしれません。

マ行のメレ

マイ・イエロー・ジンジャー・レイ
My Yellow Ginger Lei
by John Kaʻōnohiokalā Keawehawaiʻi

黄色い ジンジャーレイ
香りを放つ ずっと
恍惚のとき あなたと
恋に落ちる

我がレイ 黄色のアヴァプヒ
漂う 甘い香り
奪われる心 あなたに
我がレイ アヴァプヒ

美しい 限りなく
黄色い ジンジャーレイ
心が求める あなたを
我が アヴァプヒ

伝えてきたのは
この物語
黄色い ジンジャーレイ
恋に落ちる

作者が妻に贈った歌だそうです。
構成は、デニス・パヴァオの音源に基づいています。
一番英語、二番ハワイ語、三番英語、ハイナがハワイ語になっています。実は二番は一番英語のハワイ語訳なのですが、内容が多少違います。
音源によっては、二番のハワイ語が歌の最初にくる構成があります。
ハイナの最後が以下の歌詞の場合があります。
　　Hoʻoheno i ka puʻuwai
　　いつくしむ 心から

マイ・イーターリア・コー・レイ・ナニ
Mai ʻĪtālia Kō Lei Nani
by Mrs. Hanah Lilikalani

イタリアから　美しいレイが
輝く首飾り　王位の象徴
巧みな工芸　フランスの
二重の装飾　目を見張ります

美しく輝く　ダイヤモンド
異国の宝石に　見とれます
それはまるで　流れ星
海の上で　太平洋の

運んだのは　三本マストの船
蒸気帆船　南洋航路の
届きました　素敵な品が
平和な暮らしを　王妃のために

見守ります　国民が
この良き日に　その晴れ姿を
お伝えしました　あなたのことを
カピオラニ王妃　高貴なお方

イタリアはハワイ語ではイーターリア（ʻĪtālia）と発音します。
原曲は古いチャントです。カラーカウア王の妻、カピオラニ王妃に捧げられた七つ（または八つ）のレイ・チャントのひとつであり、カピオラニの秘書であったハナ・リリカラニ夫人が贈りました。
歌詞一番のカラウヌ（kalaunu）は王冠のことですが、王位の象徴と捉えて訳しています。
三番のカ・ヴァヒネ（ka wahine）はカピオラニのことですので"王妃"としました。

マイ・スウィート・ピーカケ・レイ
My Sweet Pīkake Lei

lyrics by Robert Cazimero, Kaleo Chock, music by Robert Cazimero

可憐なピーカケのレイ どこにあなた
恋人よ
愛しいひと
糸でレイに 身につけたいから
充分通して
しっかりと結ぶ

　*名高い 甘い香り そのレイ
　キスして キスされる 霧雨に

大切なレイ 見とれる
何度も抱く
その花は他にない

伝えた お話
限りない
愛をこのレイに

大切なレイ 見とれる
何度も抱く
その花は他にない

伝えた お話
限りない
愛をこのレイに
愛をこのレイに
愛をこのレイに

可憐なピーカケのレイよ

*繰り返し

もともとは、カレオ・チョックが友人のロバート・カジメロに贈った歌です。それはアップテンポの軽快な曲で、ロバートは違うイメージが湧いたようです。そこで歌詞だけもらってロバートが新たに作曲、バラードナンバーに変身させたのでした。以前、ロバートが原曲のさわりを演奏したのを聴いたことがあります。確かに、今の歌と全然イメージが違いました。

マイ・リトル・グラス・シャック
My Little Grass Shack
by Bill Cogswell, Tommy Harrison & Johnny Noble

戻りたい 小さいわらぶき小屋
ケアラケクア ハワイ島の
会いたい 男女の友だち
馴染みの

聞こえる いつものギター
ホーナウナウのビーチから
聞こえる ハワイアンが言う
"行こうよ ふたりで 家のトタンは熱い"

もうすぐ 僕の船が
到着する コナに
壮大な景色 いつも変わらない
僕はハワイアン ホームシックのロコボーイ
戻って食べたい フィッシュ&ポイ

戻りたい 小さいわらぶき小屋
ケアラケクア ハワイ島の
そこでフムフムヌクヌクアープアアが 泳ぐ

この歌が初めて披露されたのは、1933年、ハワイ島コナで行われたカヌーレースの会場だったといいます。実は、もともとあった曲の替え歌だったのですが、その後メロディを変えて譜面を出版、大ヒットとなりました。
歌詞中の"行こうよ ふたりで 家のトタンは熱い"は女性への誘い文句です。熱いトタンの屋根へ例えで、その意味は"熱が冷めないうちに楽しまない？"です。

マイ・ロヒロヒ・マイ・オエ
Mai Lohilohi Mai ʻOe
by Lena Machado

どこに あなた 恋人よ
ひとりだけ 好きなのは
あなたが愛するひと
心をかき立てます

ひとつ 私が好きなのが
あなたの声 愛するひと
近寄る 私に
過ごすふたり ここで

眠れない この夜は
高鳴るから 胸の内が
ここにある思い
まとわり続けています

伝えました お話を
ひとりだけ 好きなのは
あなたが愛するひと
心をかき立てます

　　レナ・マシャードの作品。
　　ユニークなのが、曲名が歌詞の中に出てこないことです。基本的に、タイトルは歌のテーマです。そのため、繰り返し歌われることが多いのですが、ここでは一回も登場しません。なぜそうしたのか、作者の意図を想像するのも楽しそうですね。「マイ・ロヒロヒ・マイ・オエ」の意味は"グズグズしないで"です。

マウナレオ
Maunaleo
by Kealiʻi Reichel

最愛の　マウナレオ
輝いてる　霧雨は
ケープのよう　山の
愛情と威厳　誉れ高き
敬意と尊厳　天に届く
天にまで

包む　霧が忍び
飾る　優しき心を
囲む　尾根が連なり
抱く　両手で　その愛を
胸に抱きしめ　讃えよう
讃えよう

ここに　愛するレイ
マウナレオを　美しく
彩る　マーリエの風
愛情と威厳　誉れ高き
敬意と尊厳　天に届く
天にまで

マウナレオ　この愛　おごそかに
この愛を
この愛を

作者ケアリイ・レイシェルが母に捧げた歌です。マウイ島マウナレオの山に母親を投影しています。
彼のハーラウでは、座ったままで踊るノホ・スタイルをとっています。
ケアリイのCD英訳、特に he kamalani, kamaehu 〜や he hiʻina, hiʻialo 〜の部分を参考にしています。

マキー・アイラナ
Makee ʻAilana

by James K. Iʻi

<small>3 4　1　2　3　4　　1 2 1 2 3 4 1 2 3 4　1 2</small>
マキー・アイラナ　お気に入り
<small>3 4　1　2　3　4　　1 2 3 4 1 2 3 4</small>
ここに飛んでくる　海のしぶき

<small>3　4　　1 2 3 4　1 2 1 2 3 4 1 2 3 4　1 2</small>
ふたり　三人　島と私たち
<small>3 4 1 2 3 4　　1 2 3 4 1 2 3 4</small>
島にいると　心はずむ

<small>3 4　1　2　3　4　　1 2 1 2 3 4 1 2 3 4　1 2</small>
水のささやき　それが好き
<small>3 4 1 2 3 4　　1　2　　3 4 1 2 3 4</small>
話しかける　"涼んで　ふたりで"

<small>3 4　1　2　3　4　　1 2 1 2 3 4 1 2 3 4　1 2</small>
もしもあなた　私といたら
<small>3 4 1 2 3 4　　1 2 3 4 1 2 3 4</small>
座る椅子は　揺れている

<small>3 4　1　2　3　4　　1 2 1 2 3 4 1 2 3 4　1 2</small>
伝えました　お話を
<small>3 4　1　2　3　4　　1 2 3 4 1 2 3 4</small>
マキー・アイラナ　明かす思い

　かつてカピオラニ公園には池がありました。その池の中にあった島がマキー・アイラナです。日本でも池に小さな島があって橋で渡れるような公園がありますが、あのイメージです。陸地内なのですが、海のそばなので潮の香りがそこまでやってきたのでしょう。マキー・アイラナの訳は"マキー島"ですが、ここではそのままにしてみました。
　歌詞二番の"ふたり　三人　島と私たち（ʻElua ʻekolu nō mākou）"は、これはハワイの詩的表現。別に三人でいるわけではなくて、ちゃんとふたりのデートです。そして、ロマンチックなデートスポットが三人目のパートナーという表現なんです。デート成功の鍵はどこに行くかにかかっていますから、場所は三人目のパートナーのような存在というわけです。でも、四番では"もしもあなた（がいたら）"と言っていますから、ここでデートできたらなあ、とマキー島で妄想しているひとのお話なのかもしれません。

マヌ・オーオー
Manu ʻŌʻō

by Harry Nāʻope

その鳥　オーオーはマーラマに
美しい羽毛は　レイのため
蜜を吸う　あなたは花のレフアから
そして呼ぶ　鳥の仲間を

＊おいで　こちらに
　あなたの愛をここに
　レフアの花に
　おいで　こちらに
　あなたの愛をここに
　レフアの花に

ヒロの　降る雨はカニレフア
丸く咲くレフア　ハナカヒで
ひとりだけ　大事　それがあなた
愛するあなた　やってくる

＊繰り返し

作者のハリー・ナオペは、アンクル・ジョージ・ナオペの祖父にあたります。
二番の二行目ですが、"丸く咲く"（popohe）は"飾る"（pāpahi）と歌われることがあり、その場合は以下の訳になります。たぶん、パーパヒのほうがオリジナルです。
　飾る　レフアの花が　ハナカヒの地を
ハワイミツスイのオーオー鳥は全身が黒いのですが、羽根の付け根にわずかに黄色い羽毛があって、その羽毛が王族のマントやレイに用いられました。残念ながら20世紀に絶滅してしまいました。

マヒナ・オ・ホク
Mahina ʻO Hoku

by Lillian Awa

<small>1 2 3 4 1 2 3 4　1 2 3 4 1 2 3 4</small>
あなたはどこに　十五夜の月
<small>1 2 3 4　1 2 3 4　1 2 3 4 1 2 1 2 3 4</small>
見せて　あなた　美しい姿を

<small>1 2 3 4 1 2 3 4　1 2 3 4 1 2 3 4</small>
静かな海　ひっそりした崖
<small>1 2 3 4 1 2 3 4　1 2 3 4 1 2 1 2 3 4</small>
あなたと私　愛を交わす

<small>1 2 3 4 1 2 3 4　1 2 3 4 1 2 3 4</small>
漂う香りは　ヒーナノの花
<small>1 2 3 4　1 2 3 4　1 2 3 4 1 2 1 2 3 4</small>
抱いて　あなた　愛を込めて

<small>1 2 3 4 1 2 3 4　1 2 3 4 1 2 3 4</small>
伝えるその名は　十五夜の月
<small>1 2 3 4 1 2 3 4　1 2 3 4 1 2 1 2 3 4</small>
美しく飾る　はるか高い空を

ホク（hoku）は、新月から始まる古代ハワイの月の暦で十五番目の夜、満月のことです。星を指すホークー（hōkū）と混同しやすいので要注意単語です。
音源によっては三番が歌われないことがあります。

マープ・マウ・ケ・アラ
Māpu Mau Ke ʻAla

by Julian Keikilani Ako

　　４１２３　　４１２３
香りが　甘く
４１２３　　　４１２３
強く　漂ってきて
４１２３４１２３
誘ってきます
４１２３４　１２３
私を

　　４　１２　３　　４１２３
どこにあなた　美しい
　　４１２３　　４１２３
私の花　抱きしめてきた
４１２３　　４　１２３
お花　アヴァプヒ
４１２３４　１２３
可憐な

　　　　４　１２３
呼んでいます
　　４　１２　３　　　１２３
過ごそうと　あなたが
４１２３４　１２３
そこで
　　　４　１　　　２３
濡れて　雨に
　　４　１２　３　　　１２３
楽しもうと　ふたりで
４１２３４　１２３
森の中

　　４１２３　４１２３
去ってしまった
　　４１２３　　４１２３
彼方へ　大切な花が
　　　４１２３　　４１２３
でも舞う　香りが
４１２３４　１２３４
さわやかに

作者ジュリアン・アコが、亡き友人のために書いた曲です。
2000年にリリースされた、アレアのデビューアルバムに収録されています。
アヴァプヒ（ʻawapuhi）はジンジャーのことです。

199

マーラマ・マウ・ハワイイ
Mālama Mau Hawai'i
by William 'Awihilima Kahaiali'i

広まる 風に乗り
物語 ここハワイの
カアフマヌ
常に仕えてきた
御心に カメハメハの
海を越えて

風が吹く 平野に
爽やかな 涼しさに
アロハを乗せ

広める 鳥たちが
物語 ここハワイの
リリウオカラニ
続く主権 ハワイの
守る正義 この大地の
ハワイアンのため

聞こう 正義の声を
民よ ハワイ全島の
守ろう ハワイを

ハワイは正確にはハワイイ（Hawai'i）なので曲名ではそうしています。
作曲はウィリーK。歌詞は、エイミィ＆ウィリーKのアルバムに載ってる歌詞に基づいています。歌い始めはクウ・アエ（ku'u a'e）です。これは解き放つという意味ですが、物語が"広まる"と解釈して訳しています。

カアフマヌはカメハメハ一世の妻ですが、一世亡き後もクヒナ・ヌイ（摂政）としてカメハメハ二世、三世に仕えました。ですから、歌詞中にあるカメハメハは一世ひとりとも、また三世までの３人を表しているとも受け取ることができます。

ミロリイ
Miloliʻi
by John Makuakane

ミロリイに
私は行きました
乗りました　ロバに
でも立ち往生　道の上で

ワイキキに
私は行きました
乗りました　象に
象の鼻は長いぞう

サンフランシスコに
私は行きました
乗りました　飛行機に
大空を飛びました

ホノルルに
私は行きました
乗りました　蒸気船に
まわる外輪　運河で

伝えました
この物語を
乗りました　ロバに
でも立ち往生　道の上で

一番とハイナに出てくるヌハ（nuha）は"不機嫌"のことですが、不機嫌なロバはテコでも動かないようなイメージがありましたので、"立ち往生"と訳してみました。

メ・カ・ナニ・アオ・カウポー
Me Ka Nani Aʻo Kaupō
by John Piʻilani Watkins

ねえ君おいで ドライブしよう
美しいカウポーへ
道はくねくね続く
美しいカウポーへ

温かい歓迎 来る人に
美しいカウポーで
友の声が迎えるよ
美しいカウポーで

マイレのレイ 甘い香り
美しいカウポーで
愛しのレイ とてもすてき
美しいカウポーで

伝えました お話を
美しいカウポーの
愛しい香り マイレの
美しいカウポー

マウイ島東部にあるカウポーは、カフルイからカーブが延々と続く細道を通ってハーナまで約80キロ、そのハーナからさらに30キロほど行ったところにあるエリアです。
作者のジョン・ピイラニ・ワトキンスは、マウイに住んでいた時期があり、クムフラとしてハーラウも開校していました。

メレ・ア・カ・プウヴァイ
Mele A Ka Puʻuwai

by Brandon ʻIliahi Paredes

思いで 敬愛の
ふるえている 心から
恋しい 美しさ
愛は尽きない レイの花への

太陽 耀かせて
導いてくれた 正しき道へと
担うその使命
花開いていく 美しいあなた

伝える この愛を
ふるえている 心から
恋しい 美しさ
どうかあなた 戻って ここに

作者が退官する大学の恩師に贈った歌です。
一番のプアレイ（pualei）は"レイの花"ですが、きっと作者を含めた生徒のことですね。
二番の punia i ka hana は"責務に囲まれる"ことですが、"使命を担う"と意訳しました。

メレ・オ・ラーナイ
Mele O Lāna‘i

by Val Kepilino

この歌を　ラーナイ島に
小さな島です　諸島の中で
ささやかな思い　伝えます
大事な島　その中で

島のお花が　カウナオア
より美しい　レフアよりも
染める水は　ゴールドみたい
似た色　陽の光と

大事なことが　この島に
パイナップルで　豊かになった
知れ渡った　あなたの名前
栄えました　人々が

伝えたのは　このお話
あたたかな名前　ラーナイ島
小さいあなたの　アロハは大きい
決して忘れはしない

ラナイ島は正確にはラーナイ島と発音します。ラーナイ島は、かつてパイナップル産業で栄えました。カウナオアは島のシンボルフラワーです。

メレラナ
Melelana
by Puakea Nogelmeier

夕闇がせまる　穏やかに
守られたあなた　大事に胸に
愛しい飾り　レイをかける
レイはあなた　安らかに

魅了する花　私の庭の
鮮やかに　広がる世界
私の願い　一緒にいたい
心安らぐ　胸に抱くと

あなたは私の　大切な飾り
心を惹かれる　あなたの顔
愛おしくて　抱きしめる
胸に可愛く　とてもすてき

子守歌です。
対訳に際しては、ケアリィ・レイシェルのアルバムにある英訳を参考にしました。

モアニケアラオナープアマカヒキナ
Moanike'alaonāpuamakahikina
by Lena Machado

　　　　4 1 2 3 4 1 2 3 4
　　ここにいる私
　　1 2 3 4 1 2 3
　　モアニケアラ
　　（漂う香り）
　　　　4 1 2 3 4 1 2 3 4
　　オナープアマカヒキナ
　　（東洋の花々）
　　　1 2 3 4 1 2 3 4
　　かわいい花が胸に

　　　1 2 3 4 1 2 3 4
　　あなたの目が
　　1 2 3 4 1 2 3
　　語りかけます
　　　4 1 2 3 4 1 2 3 4
　　"ここでふたり
　　1 2 3 4 1 2 3 4
　　踊りましょう"

　　4　 1 2 3 4 1 2 3 4
　　お月さまの明かりが
　　1 2 3 4 1 2 3
　　見せてくれます
　　4 1 2　 3 4 1 2 3 4
　　あなた　私の花
　　　1 2 3 4 1 2 3 4
　　この胸を飾る

　　4 1 2 3　 4 1 2 3 4
　　伝えた　美しさ
　　1 2 3 4 1 2 3
　　モアニケアラ
　　4 1 2 3 4 1 2 3 4
　　オナープアマカヒキナ
　　1 2 3 4 1 2 3 4
　　かわいい花が胸に

　曲名に区切りがないのは名前だからです。名前なので訳詞ではそのままにして、意味を（）に入れました。単語ごとに区切ると「モアニ・ケ・アラ・オ・ナー・プア・マ・カ・ヒキナ」となります。
　この歌は、作者レナ・マシャードの友人で、女性シンガーでありクム・フラでもあったサリー・モアニケアラオナープアマカヒキナ・ウッド・ナルアイに贈られました。
　二番の"踊りましょう"のハワイ語は e naue ai（揺れましょう）ですが、サリーはクムフラですから、フラを一緒に踊りましょう、と誘っていると解釈しました。

モキハナ・ララバイ
Mokihana Lullaby
by Louis Moon Kauakahi, Loyal Garner

自慢の 美しさ
きれい 本当に
その実は モキハナ
甘い香り 吸い込む

その実で レイを編む
マイレ・ラウリイと
編み込む 心込め
その愛 忘れはしない

＊ありがとう あなた
あなたは 親友
愛する カウアイ
カウアイ 王のカラニポー

伝えた お話
私のレイ 愛する
その実は モキハナ
甘い香り 吸い込む

伝えた お話
私のレイ 愛する
その実は モキハナ
甘い香り 吸い込む

感謝を あなたに
ありがとう あなた

＊繰り返し

カウアイ島を象徴するモキハナ。歌ではモキハナは花（プア）と表現されますが、実際は実なのでそう訳しています。
歌詞最後の"感謝をあなたに〜"のパートを歌わない音源もあります。

モロカイ・ジャム
Moloka'i Jam
by Kaumakaiwa Kanaka'ole

すてきなモロカイ　鳥はウーリリ
モアエのそよ風　揺れるヤシの木
挨拶をナーイヴァに　神秘的な
降り立ったのは　レレウエの高地

目にしたカラマウラ　土埃が舞う
広がるアークリクリ草　住むアエオ鳥
オーヒアピロの池　静まりかえり
休むアウクウ　夕暮れの鳥

あちらこちらに　散らばる岩
澄みわたる　カウナカカイの海
空には　ククイオカホアーリイ山
つらなるのは　マニニコロの丘

うららかな空が　頭上に広がる
カパアケアに　やってきた
心が惹かれる　カミロロアの谷
静まりかえる　マカキロイアの平野

これをあなたに　オネアリイの浜よ
端に位置する　マカクーパイアの
言葉に残そう　訪れたことを
土地に敬意を　カウナリポの

作者カウマカイヴァ・カナカオレが、モロカイ島のさまざまな場所を訪れたことを歌にしました。地名がたくさん出てきます。

対訳の小道
Ke ala iki no ka unuhi
その5

　ハワイアンソングの多くが「'auhea 'oe」、またはこの応用フレーズで始まります。本書では、ほぼ「どこに あなたは」と訳しています。ところが、実際は誰かを探しているわけではないんですね、ほとんどが。

　ハワイの歌は基本的に、作者の"私"が、大切な"あなた"に向けて書きます。その"あなた"に対して、歌を聴いてください、と歌い出しで投げかける。そのフレーズが、アウヘア・オエです。

　ハワイアン・ディクショナリーで「'auhea」を調べると、意味の1番目に「どこに」、2番目に「聞いて」とちゃんと載っています。つまり、本当は「聞いて あなた」と訳したほうがしっくりくる。ところが、作者自身の英訳を見ても、「where are you」となっていたりします。そこで「どこに あなたは」と訳すことになります。探していなくても。

　アウヘア・オエは、ハワイアンソングでの独特な表現です。相手への呼びかけを「どこに あなたは」と言うんですね。もちろん、日本の歌にはない表現。ですから、どうも不思議な感じがしてしまいます。そこで、もう強引に「どこに あなたは」は「聞いて あなた」と同義で捉える。頭で自動変換してしまう。そのほうが、手っ取り早いかもしれません。

ラ行のメレ

ラーイエイカヴァイ
Lāʻieikawai
by Frank Kawaikapuokalani Hewett

ここにラーイエイカヴァイが
エオー
はるか山奥　パリウリに住む

*美しい　一番のひと　パリウリの

くつろぎます　王女は
エオー
翼に囲まれて　鳥たちの

*繰り返し

ふと聞こえた　甘い調べは
エオー
草笛の音　マリオが吹く

*繰り返し

伝えました　お話を
エオー
カヴァイアアラレフアよ　パリウリの

*繰り返し

　　ラーイエイカヴァイという絶世の美女伝説がテーマになっています。
　　パリウリは、ハワイ島プナにあったという伝説上の場所。そこにラーイエイカヴァイの住まいがあり、家は鳥の羽毛で飾られ、高貴な美しさに輝いていました。
　　マリオは魔女。ティリーフで作った草笛を吹いて、彼女の弟のためにラーイエイカヴァイを誘惑します。
　　カヴァイアアラレフアは、ラーイエイカヴァイの別名です。
　　歌詞に毎回出てくるエ・オー(e ō)は"答えてください"ですが、呼びかけなのでそのまま"エオー"としました。

ラウパーホエホエ・フラ
Laupāhoehoe Hula
lyrics by Mary K. Pūku'i, music by Irmgard Farden 'Āluli

僕がその男だ
ラウパーホエホエの
広いだろ　肩幅は
ムキムキさ　この体

たいしたことない　崖登り
下るのだって　斜面を
そして川まで　僕は行く
でっかいハゼを　取るために

カヌー漕ぎは　お手のもの
海は大きく　うねるけど
ちっとも僕は　怖くない
くずれる　波頭なんて

戻ろう　自分の家に
たっぷりポイを　指にとる
もういっぱい　胃袋は
それでムキムキ　この体

伝えたのは　この話
僕がその男だ
ラウパーホエホエの
広いだろ　肩幅は

ラウパーホエホエは、ハワイ島東部にある地名です。

歌詞二番にナーヴェオ（nāwao）というハゼの名前が出てきます。ハゼの中では大型でおいしいとのこと。ここでは、"でっかいハゼ"と訳しました。

歌ができたいきさつを、作曲者のアームガード本人が残しています。それによると、あるとき急にラウパーホエホエのことが頭から離れなくなり、友人のメアリイ・ブークイに相談。ふたりとも現地に行ったことがなかったのでお互いに情報を集め、電話のやりとりだけで歌を完成させたのだとか。

ラブリー・フラ・ハンズ
Lovely Hula Hands
by R. Alex Anderson

かわいいフラの手
優雅な鳥　手の振りで
舞うカモメ　海を
かわいいフラの手　その手はすてき

かわいいフラの手
雨を語る　谷に降る
逆巻く風　崖の
かわいいフラの手　その手はすてき

感じる　優しい抱擁
君のフラから　かわいい手つき
ひとつひとつ　表す
だからわかる　言いたいこと全て

あなたのフラの手
指先が言う　アロハを
伝えてもう一度　好きと
かわいいフラの手　その手はすてき

「ハワイアン・メレ1001」によると、作者がニュージーランドでヨットクルージングを楽しんでいたとき、若い女性のフラがとても印象に残ったそうです。そのかわいさを、海上を飛んでいたカモメのイメージと重ね合わせたのだとか。

214

ラヴァクア
Lawakua

by Nāpua Greig

どこにあなたは　ラヴァクア
緑の山は　静かに
美しいあなた　愛しい
生い茂る　森の中で

香りが崖に　囲むラウアエ
聖なる　ラニポーで
美しい森　マカノエ
カオフレフアの

*耳を傾けて　雨の音に
　霧雨がかかる　ひよめきに
　流れていく　優雅に
　ここに羽毛が　清らかな
　　（カフル）

愛をあなたに　ラヴァクア
山に満ちる　美しさ
すてきなひと　目の前に
私の友　永遠に
　　　　　とわ

*繰り返し

～三番

作者ナープア・グレイクが姉のカフル・マルオに贈った歌です。
ナープアのCDにある英訳を参考にしています。
ラヴァクア（lawakua）は"固く結ばれた友"という意味ですが、訳さずにそのままにしてみました。
マカノエとカオフレフアは英訳では固有名詞になっていますが、その意味は"顔を霧で濡らすレフア（maka noe o ka 'ohu lehua）"です。
サビのハワイ語 i ka manawa は英訳では"onto my fontanel（私のひよめきに）"となっています。ひよめきは新生児の頭の、まだ頭蓋骨がくっついていない柔らかい部分のこと。ハワイアンにとって神聖なカプの部分です。そこが、ナープアにとって姉と心でリンクする箇所なのでしょう。意訳しようとも思いましたが、そのまま"ひよめき"としました。
姉の名前カフル（Kahulu）は、"羽毛（ka hulu）"という意味ですから、サビの4行目はダブルミーニングですね。カフルを（）に入れて下に表記してました。
最後のセリフは聞き取りました。以下の通りです。
　He lei nou e Kahulu, ku'u lawakua ē
　　レイをあなたに　カフルよ　私のラヴァクア

レイ・アナ・オ・マーノア
イ・カ・ナニ・オ・ナー・プア
Lei Ana 'O Mānoa I Ka Nani O Nā Pua
by Frank Kawaikapuokalani Hewett

　　　　　1 2 3 4　1 2 3 4　　1 2 3 4 1 2 3 4
レイをまとうマーノア　美しい花々で
　　1 2 3 4 1 2 3 4　　1 2 3 4 1 2 3 4
カハラオプナに　愛を込めて
　　1 2 3 4 1 2 3 4　　1 2 3 4 1 2 3 4
荘厳なマーノア　花ひらくレフア
　　1 2 3 4 1 2 3 4　　1 2 3 4 1 2 3
守られながら　多くの神に

　　　　4 1 2 3　　 4 1 2 3　　4 1 2 3 4 1 2 3
＊美しい　名高い　愛されるあなた
　　　　　4 1 2 3　　　4 1 2 3 4　　1 2 3 4 1 2 3 4
　　美しいひと　マーノアの　大切な

　　　1 2 3 4 1 2 3 4　　1 2 3　　4 1 2 3 4
吹いてくるのは　その風　コロプアの
　　1 2 3 4 1 2 3 4　　1 2 3 4 1 2 3 4
漂う香りは　愛するひと
　　1 2 3 4 1 2 3 4　　1 2 3 4　　1 2 3 4
ここで私たちは　包まれる　雨に
　　1 2 3 4 1 2 3 4　　1 2 3 4 1 2 3
トゥアヒネの雨が　レフアのつぼみに

　　＊繰り返し

　　　　1 2 3 4 1 2 3 4　　1 2 3　　4 1 2 3 4
レフアに愛を　いろどる　山を
　　1 2 3 4 1 2 3 4　　1 2 3 4 1 2 3 4
レイを大事に　この胸に抱く
　1 2 3　　4 1 2 3 4　　1 2 3　　　4 1 2 3 4
歌う　その名を　愛するレイ　レフアの
　　1 2 3 4 1 2 3 4　　1 2 3 4 1 2 3
カハラオプナに　愛を込めて

　　＊繰り返し

オアフ島のマノアは、カハコーがつくため正確にはマーノアと発音します。
マーノアには虹の女神カハラオプナが住むと言われています。その谷にはトレイルがあります。終点のマーノアの滝まで片道30分程度のコース。道もなだらかでワイキキからも近く、おすすめのトレイルです。運がよければ、カハラオプナがかけてくれた虹を見られるかもしれません。

レイ・コーエレ
Lei Kō‘ele
by Dennis Kamakahi

コーエレは 静か
雨は 細やか
目にする 私は
美しさを
あなたの目 魅力的
空高く 雄大に
あなたの声 風に舞う
愛を乗せて

＊レイはカウナオア ラーナイの
　飾っている その大地を
　素晴らしい あなた
　レイをかける 霧雨の
　コーエレのレイは その雨
　親友は マウナレイ
　恋人は ケオームク
　愛しいひと コロイキ

愛しの 我が家
ラーナイは 壮大
活力が みなぎる
命の水
見ている 美しさを
神々の 偉大なマナを
宿っている 心に
地元のひとに

＊繰り返し

コーエレはラーナイ島の地名、カウナオアはラーナイ島を象徴する花です。
作者デニス・カマカヒの息子デビッドがメンバーにいるバンド、ワイプナがレコーディングをしてます。彼らのバージョンでは、二番から抜粋した以下の歌詞をイントロとエンディングに入れています。
　愛しの 我が家 ラーナイは 壮大
　宿っている 心の中に 地元のひとに
ワイプナのCDブックレットには、歌ができたいきさつが紹介されています。デニスは、ラーナイ島の長老から「ワヒネ・イリケア」のような土地賛歌を作ってほしいと依頼を受けました。そこで、彼はラーナイ島へ行って、この歌を書き上げたのでした。
「ワヒネ・イリケア」のようにさまざまな土地（マウナレイ渓谷、ケオームク・ビーチ、コロイキの尾根）を擬人化しています。

レイ・ナニ
Lei Nani

by Charles Nāmāhoe

1 2 3 4　1 2 3 4　　1 2 3 4　1 2 3 4
どこにあなたは　美しいレイよ
1 2 3 4　　1 2 3 4　　1 2 3 4 1 2 3 4
戻って　ふたりで　結ばれるため

1 2 3 4 1 2 3 4　　1 2 3 4 1 2 3 4
その愛を私に　大事なひとよ
1 2 3 4　　1 2 3 4　　1 2 3 4 1 2 3 4
痛いほど心からの　この思い

1 2 3 4 1 2 3 4　　1 2 3 4 1 2 3 4
思わぬ出会い　きっと忘れない
1 2 3 4　　1 2 3 4　　1 2 3 4 1 2 3 4
あなたにレイを　私のレイを

1 2 3 4 1 2 3 4　　1 2 3 4 1 2 3 4
伝えました　この物語を
1 2 3 4　　1 2 3 4　　1 2 3 4 1 2 3 4
戻って　ふたりで　結ばれるため

「レイ・ナニ」はもともと「レイ・ラニ」というタイトルであり、作者はジョセフ・ソロモン・クニだったという話があります。クムフラのオブライアン・エセルは「Leilani」でレコーディングをしています。

レイ・ハラ
Lei Hala

by Josh Tatofi

かけると　ハラのレイを
思い出す　いつでも
気づかせる　本当に
忘れぬこと　ハワイアンであること

運ばれていく　風に乗って
花々に　香り知らない
驚きの　美しさ
濡れている　海のしぶきで

感謝します　学びに
守られて　その胸に
感謝します　学びに
守られて　その胸に

世界から　今までの
世界へと　これからの
世界へと　これからの

歌詞一番にあるカウ・ラーフイ（ka'u lāhui）は"私の国、私の民族"という意味ですが、ハワイアンとしての誇りを指しているのだと思います。そこで"ハワイアンであること"と意訳してみました。

レイ・ハリア
Lei Hali‘a
by Puakea Nogelmeier

祭壇のよう　ラニフリは
霧のせいで　ヌウアヌの
霧は重なり　崖を囲む
吹くのは　やさしい
コナの風

*飾るレイに　思い出重ね
　漂う香り　爽やか
　手招きする　真夜中に
　それは夢　安らかに　この胸で

豊かに茂る　パライ
二重に重なり　霧雨の中
濡れるつぼみは　アーヒヒ
優雅に　絡まる
マイレと

*繰り返し

肩に担ぐ　コナフアヌイ
雲を　重く垂れ込めた
そびえるのは　キロハナ
立ちこめる　香りは
ヒーナノ

*繰り返し

ラニフリ山、コナフアヌイ山、キロハナ山は、オアフ島コオラウ山脈にあります。場所は、それぞれヌウアヌパリ展望台の近くです。

レイ・ピーカケ
Lei Pīkake

by Barry Flanagan, Kiope Raymond

1 2 3 4 1 2 3 4　　1 2 3 4 1 2 3 4
漂う香り　花のピーカケ
　　1 2 3 4 1 2 3 4　　1 2 3 4 1 2 3 4
穏やかに吹く　風に乗って

　＊1 2 3 4 1 2 3 4　　1 2 3 4 1 2 3 4
＊愛しています　この私
　　1 2 3 4 1 2 3 4　　1 2 3　　　 4 1 2 3 4
　その花は　すてき　いつまでも

　1 2 3 4　　1 2 3 4 1 2 3　　 4 1 2 3
摘もう　この花を　愛する
　4 1 2 3 4 1 2 3 4　　1 2 3 4 1 2 3 4
忘れることなはい　比べるものもない

　＊繰り返し

　　1 2 3 4 1 2 3 4　　1 2 3　　 4 1 2 3 4
飾ってくれる　しっかり　この胸を
　 1 2 3 4 1 2 3 4　　1 2 3 4 1 2 3 4
レイを身につけて　とても大切な

　＊繰り返し

1 2 3 4 1 2 3 4　　1 2 3 4 1 2 3 4
伝えました　私の思い
　　1 2 3 4 1 2 3 4　　1 2 3　　4 1 2 3 4
ピーカケのレイ　私の愛するひと

　＊繰り返し

1 2 3 4 1 2 3 4　　1 2 3 4 1 2 3 4
伝えましょう　もう一度
　　1 2 3 4 1 2 3 4　　1 2 3 4 1 2 3 4
ピーカケのレイ　私の愛するひと

　＊繰り返し

ハワイ音楽の歴史に残る名盤、ハパのファーストアルバムに収録された名曲です。作曲はハパのギタリスト、バリー・フラナガンです。

レイ・プア・ケニケニ
Lei Pua Kenikeni

by John K. Almeida

　　　　　1 2 3 4 1 2 3 4　　1 2 3 4 1 2 3 4
このレイに愛を　ケニケニの花よ
　　1 2 3 4 1 2 3 4　　1 2 3 4 1 2 3 4
うれしさがこみあげ　うっとりする

　　1 2 3 4 1 2 3 4　　1 2 3 4 1 2 3 4
香りを愛でる　愛を込めて
　1 2 3 4 1 2 3 4　　1 2 3 4 1 2 3 4
何度も誘う　迎える　ふたりを

　　1 2 3 4 1 2 3 4　　1 2 3 4 1 2 3 4
ふたりは美しい　その花に
　1 2 3 4 1 2 3 4　　1 2 3 4 1 2 3 4
心を高ぶらす　甘い香り

　1 2 3 4 1 2 3 4　　1 2 3 4 1 2 3 4
甘美なレイ　魅力的なレイ
　1 2 3 4　　1 2 3 4　　1 2 3 4 1 2 3 4
身につけて高まる　無上の喜び

　1 2 3 4 1 2 3 4　　1 2 3 4 1 2 3 4
漂う香りが好き　この胸で
　1 2 3 4　　1 2 3 4　　1 2 3 4 1 2 3 4
高貴な姿が　目に映る

　1 2 3 4 1 2 3 4　　1 2 3 4 1 2 3 4
伝えました　物　語
　1 2 3 4　　1 2 3 4　　1 2 3 4 1 2 3 4
レイよ　ケニケニ　その名前を

作者のジョンＫアルメイダ（1897〜1985）は盲目のハワイアンミュージシャンで、女性にモテモテだったそうです。彼は多くの花の歌を作っていますが、花は女性で、それぞれ違う彼女を歌っているのだとか。何曲か奥さんの歌もあるようですが……。
同名異曲があります。

レイ・ホオヘノ
Lei Hoʻoheno
by Kainani Kahaunaele

愛しいひとよ
そのレイが肩に
香りが鼻に
美しさが目に
きらめく雨　霧雨
濡らされて　カニレフアに

流れる　愛が
私の瞳に
すてき　本当に
唯一のレイ　大切な

サビの wewelo ke aloha をどう訳すかで悩み、結局直訳にしました。愛が流れる、とは心の内の表現なのか、愛するひとを目にした何かの表現なのか、もしくは流した涙のことなのか。さまざまな捉え方ができると思います。

ノー・ホイ・カウ（nō hoʻi kau）は慣用句で強調表現です。ここでは"本当に"と訳しました。

レフア・ビューティ
Lehua Beauty
by Frank Kawaikapuokalani Hewett

レフアの花　最愛の
高貴なお方　天空の
愛するひと　この胸に
レフア・ビューティ　あなただけ

いつくしむのは　プウレナの風
レフアはホーポエ　ヒイアカの
レイを抱く　その胸に
温かな胸　女神ペレの

すてきなあなたに　目を向ける
他にない姿　美しい
絶えない愛を　あなたへ
レイを忘れない　この絆

レフア・ビューティは"レフア　美しいひと"の意味ですが、曲名になっていますし、訳さないのもアリかと思いそのままにしました。
作者カワイカプオカラニ・ヒューエットは、ヒイアカとホーポエをテーマにした曲をたくさん書いています。
クアナ・トレス作曲の同名異曲があります。

ロイヤル・ハワイアン・ホテル
Royal Hawaiian Hotel
by Mary Pula'a Robins

壮観なあなたが　この目に
ロイヤルハワイアンホテルよ

*美しい　輝いてる
　すてきだ　本当に

ベルベットのベッド　ふたり眠る
すべすべの寝具　すばらしい

*繰り返し

大理石の壁は　緑
連なるアーチは　虹のよう

*繰り返し

心地よい海の音　浜から
リーポアの香り　漂わせて

*繰り返し

答えて　ロイヤルハワイアンホテルよ
あなたの名前　華麗な

*繰り返し

1927年にオープンしたワイキキの高級ホテル、ロイヤル・ハワイアン。エントランスは天井が高く、壁の柱はアーチでつながれています。歌詞三番はその光景を歌っているんですね。大理石のことは歌詞にありませんが、補いました。

ロゼラニ・ブロッサム
Roselani Blossoms
by John K. Almeida

どこにいるの あなた
花のつぼみ ロケラニよ
美しいあなた 私のもの
季節が過ぎようと

離れないこの思い
水のこと イーアオの
飲んだから たっぷりと
とてもおいしい水を

いまも心の中に
熱い思い 恋人へ
欲しい あなたが とても
惹かれる 奥底から

とても似ているのは
欲望と愛情
愛とは育むもの
抱くもの 大事に

伝えます お話を
マウイ島が一番
花のつぼみ ロケラニ
私のレイ 甘い香り

面白いのは、タイトルがロゼラニ（roselani）なのに、歌詞ではロケラニ（lokelani）となっていることですね。意味は一緒で、マウイを象徴する小ぶりのバラです。

イアオ渓谷は、正確にはイーアオと発音します。

カウント（小節）はホオケナのバージョンに準じていて、各バースの最後が2カウント多い10カウントになっています（原曲は8カウント2小節）。またホオケナでは、ハイナに入る前に「マウイが一番」というコーラスが入ります。

対訳の小道
Ke ala iki no ka unuhi
その6

　ハワイアンソングには、歌詞の裏側に別の意味を込める場合があります。ひとつのことばに、二重の意味を持たせるんです。その隠された意味を、カオナ(kaona)と言います。カオナには、男女の秘め事もあったりします。「水」や「しぶき」といったことばが出てきたら、その裏にはセクシャルなカオナが隠れていると聞いたことがあります。

　本書では、直訳を基本にしています。カオナの解釈側で訳していません。カオナの存在が明らかな場合は、解説文で書いています。例えば「ワヒネ・イリケア」がそうです。

　カオナを知ることで踊り方も違ってくると思います。ただ、カオナの有無の判断は、作者の証言がない限り、なかなか難しいところがあります。「水」や「しぶき」が出てきたとしても、そこにカオナはないかもしれません。あるのかないのか……それは作者のみぞ知る、なのですね。

　私事ですが、僕はハワイ語作詞をしています。本書を出版する時点で、50曲を超える歌詞を書きました。歌詞を書き続けていると、やはりカオナを込めたくなるんですね。僕の場合、セクシャルなカオナはひとつもないですが。

　歌詞が完成すると、贈った相手にカオナを説明します。二重の意味を伝えます。相手が誰にも伝えなければ、それは僕と相手の間の秘密になります。ふたりだけの内緒ですね。これが、作詞をする際の、ちょっとした楽しみにもなっています。なぜハワイの人々が歌にカオナを込めるのか、歌詞を書くことで、ほんの少しわかってきたような気がします。

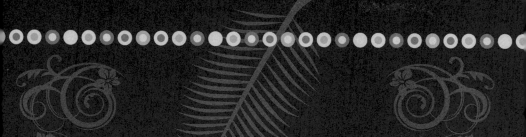

ワ・ヴのメレ

ワイカロア
Waikaloa
by John Piʻilani Watkins

　　　　１２３　　４１２３４
ここは　ワイカロア
　１２３　　４１２３４
迎える家　人々を
　１２３　　　４１２３４
温かな　おもてなし
　１２３　　４１２３４
声がする　友だちの

　１２　　３４１２３４
振り向く　感謝を込めて
　１２３　　４１２３４
美しい　カウイキを
　１２　　３４１２３４
そして　美しい
　１２３４１２３４
灯台がそこに

　１２３　　　４１２３４
霧雨は　ウアケア
　１２　　３４１２３４
名物　ここハーナの
　１２　　３４１２３４
雨の　マールアルアが
　　１２３　　４１２３４
追い払う　霧雨を

　１２３　　４１２３４
伝えた　物語
　　１２３　　　４１２３４
ワイカロアは　素晴らしい
　１２３　　４１２３４
迎える家　人々を
　１２３　　４１２３４
美しい　本当に

　　ワイカロアは、マウイ島東部ハーナにある地名。海岸の奥にはカウイキ岬が見えます。
　　僕はそこまで一度行ったことがあります。カフルイから向かうドライブ中はずっと晴れていたのですが、カウイキ岬にあるビーチに着いたら急に霧雨が降ってきました。ビーチを離れてハーナの町に入ると、また空が晴れてきたのでした。

ワイキーキー
Waikīkī
by Andy Cummings

この思い 胸の奥に
突き刺さる ダーツのように
気分は 天国

想い出が よみがえる
いつまでも 尽きることなく
この場所 海辺の

ワイキキ
夜のとばりがおちる
聞こえる 波が呼ぶ声
呼ぶ 何度も

ワイキキ
あなたがほしい 心から
思いはいつも戻る
あなたへと 海を越え

*南国の夜 素晴らしい魅力
　いつも想い出の中に
　思い出す 腕に抱いたこと
　かわいい天使 天国の

ワイキキ
人生はむなしい あなたなしでは
魔法が恋しい あなたの
魔法 海辺の

*繰り返し

ワイキキ
人生はむなしい あなたなしでは
魔法が恋しい あなたの
魔法 海辺の
魔法 ワイキキの

ワイキキは正確にはワイキーキー（Waikīkī）ですので、曲名ではワイキーキーにしています。
1938年、アンディ・カミングスが演奏でアメリカのミシガンに行ったときに生まれた歌です。霧の濃い寒いある夜のことでした。ワイキキが恋しくなったアンディは、ホテルに戻るとこの歌を書きあげました。そして、1946年にレコーディングされ、ワイキキを象徴する名曲になっていきました。

ワイキーキー・フラ
Waikīkī Hula

by Helen Ayat

　　　1 2 3 4 1 2 3 4　　1 2 3 4 1 2 3 4
大好きなんです　ここワイキキが
　1 2 3 4 1 2 3 4　　1 2 3 4 1 2 3 4
潮騒の音　ささやいてくる

　1 2 3 4 1 2 3 4　　1 2 3 4 1 2 3 4
吹いてくる風が　ゆっくりと運ぶ
　1 2 3 4 1 2 3 4　　1 2 3 4 1 2 3 4
惹かれる香り　リーポアの

　1 2 3 4 1 2 3 4　　1 2 3 4 1 2 3
有名なその名　観光客に
4 1 2 3 4 1 2 3 4　　1 2 3 4 1 2 3 4
知れ渡る美しさ　世界中で

　1 2 3 4 1 2 3 4　　1 2 3 4 1 2 3 4
振り向き眺める　カイマナ・ヒラを
　1 2 3 4 1 2 3 4　　1 2 3 4 1 2 3 4
美しい景色　ホノルルの

　1 2 3 4 1 2 3 4　　1 2 3 4 1 2 3 4
伝えてきました　この物語を
　1 2 3 4 1 2 3 4　　1 2 3 4 1 2 3 4
大好きなんです　ここワイキキが

ワイキキは正確にはワイキーキー（Waikīkī）ですので、曲名ではワイキーキーにしています。
三番の"知れ渡る美しさ"は少し意訳をしています。ハワイ語 ka'apuni kou nani の直訳は"駆け巡るあなたの美しさ"です。
同名異曲があります。

ワイピオ・パーエアエア
Waipiʻo Pāeaea
by Kuana Torres Kahele

そこは緑が濃い ワイピオ
水は流れ 潤していく 世界を

ここで私は 眺める
滝は双子 ハカラオアと ヒイラヴェ

* 愛する 愛する
　大地はウミアリーロアの
　愛する ワイピオ 穏やかな

流れる 流れゆく ワイロア川へ
ワイマー、カワイヌイ、コイアヴェ、アラカヒの水

水につかる ラーラーケアの池
しびれる体 水は冷たい

* 繰り返し
* 繰り返し

ハワイ島ワイピオ渓谷の奥に、有名な二筋の滝があります。右がヒイラヴェの滝、左ををハカラオアの滝です。上では離れているふたつの滝は落ちながら近づき、ひとつの滝壺に流れ落ちます。高地のワイマー川、カワイヌイ川、コイアヴェ川、アラカヒ川はワイピオを流れるワイロア川に合流して海まで流れていきます。
ウミアリーロアはハワイ島を統一していた王の名前です。意味は"リーロア王のウミ('Umi a Līloa)"。リーロア王はウミアリーロア王の父親です。
曲名の「Waipiʻo Pāeaea」は、作者クアナ・トレスの英訳では"ワイピオ 海のように穏やかな"となっています。

ワヒネ・イリケア
Wahine 'Ilikea
by Dennis Kamakahi

```
        1234123  41234123
      *花の　カラウヌが
        41234123    4 1 2 3 4 1 2 3
       海辺に　ホノウリヴァイの
        4 1 2 3 4 1 2 3    4 1 2 3    4 1 2 3
       ワヒネ・イリケア　抱かれて　モロカイに
        41234 1234 12341234
       最高です


        1 2 3 4 1 2 3   4123  41234
       なんと美しい　滝よ　山の
        1234    1 2    341234   1 2 3 4
       ヒナ、ハハ、モオロア
        1234123    41234123
       滝は三つ　緑に囲まれて
        4 1 2 3 4 1 2    341234 1 2 3 4
       カマローは　静かに


      *繰り返し


        1 2 3 4 1 2 3    4 1 2 3    4 1 2 3 4
       なんと美しい　大地よ　ハーラヴァの
        1 2 3 4 1 2 3    412341234
       家が迎える　訪問者を
        1 2 3 4 1 2 3    4 1 2 3 4 1 2 3
       大地は豊か　霧が夕暮れには
        4 1 2 3    4 1 2 3 4 1 2 3 4    1 2 3 4
       運ばれる　ホオルアの風に


      *繰り返し
```

デニス・カマカヒは、ミュージシャン仲間のエディ・カマエとモロカイ島に行きました。そのとき、車窓から多くの滝が流れるのが見えました。車を路肩に駐めて滝が流れる山々を眺めているうちに、メロディが頭に鳴りだしたそうです。彼はそれを歌にしました。1974年のことでした。

ワヒネ・イリケアは"白肌の女性"の意味ですが、本当の女性ではありません。それは彼が見た景色。滝が流れる山と、山にかかる白い霧。その光景を女性に例えたとデニスが語っています。

ここでは、"ワヒネ・イリケア"とそのままにしました。

"花のカラウヌ"はクラウン・フラワーのことです。

ヴェリナ・オアフ
Welina Oʻahu
by Wayne Chang, Robert Cazimero & Leinaʻala Heine Kalama

迎える オアフが イリマのレイで
可憐なオレンジ 一番の花

ここにある 花はケニケニ
漂ってくる コオラウポコから

枝葉をたたく 月明かりの中
もう充分 飲むには ピーカケの香りを

そびえる 有名な 丘はプーオワイナ
プルメリアがいつも カラフルに彩る

この夕暮れに 作った歌
あなたのこと 思い出しながら

ヴェリナ（welina）はウェリナとも発音しますが、オリジナルであるブラザーズ・カジメロの音源ではヴェリナに聞こえますので、それに合わせています。
イリマはオアフ島を象徴する花。
コオラウ山脈に沿ったオアフ島東部は、大きくふたつのエリアに分かれます。北側をコオラウロア、南側をコオラウポコと言います。
三番は、満月の夜にピーカケの木をたたくと翌日に花がたくさん咲く、というハワイの言い伝えがもとになっています。
プーオワイナはパンチボウルのハワイ語名です。

Mahalo, e ke akua o Hawai'i......

参考文献

Extinct Birds of Hawai'i	Michael Walther, Julian P. Hum
Hānau Ka Ua	Collette Leimomi Akana, Kiele Gonzalez
Hawaiian Dictionary	Mary Kawena Pukui, Samuel H. Elbert
Hawaiian Grammar	Samuel H. Elbert, Mary Kawena Pukui
Hawaiian Music & Musicians: An Encyclopedic History	George S. Kanahele, John Berger
Hawaiian Mythology	Martha Warren Beckwith
Hawaiian Surfing: Traditions from the Past	John R. K. Clark
He Mele Aloha: A Hawaiian Songbook	Carol Wilcox, Kimo Hussey, Vicky Hollinger, Puakea Nogelmeier
Kapi'olani Park: A History	Robert R. Weyeneth
Lā'ieikawai	S. N. Haleole
Nā Mele O Hawai'I Nei 101 Hawaiian Song	Samuel H. Elbert, Noelani K. Mahoe, Lopes Jr., R. Keawe
Nā Mele Welo: Songs of Our Heritage	Mary Kawena Pukui
Pele and Hiiaka: A Myth from Hawaii	Nathaniel B. Emerson
Place Names of Hawaii	Mary K. Pukui
Songs of Helen Desha Beamer	Helen Desha Beamer, Marmionett M Ka'aihue
Songbird of Hawai'i	Pi'olani Motta, Kīhei de Silva
The Echo of Our Song: Chants and Poems of the Hawaiians	Mary K. Pukui, Alfons L. Korn
The Epic Tale of Hi'iakaikapoliopele	Ho'oulumahiehie, Puakea Nogelmeier
The Queen's Songbook	Dorothy Kahananui Gillett
ハワイアン・ガーデン：楽園ハワイの植物図鑑	近藤純夫
ハワイアン・メレ 1001 曲, プラス 301 曲, 298 曲, 400 曲	鳥山親雄
ナー・レイ・マカマエ：愛しのレイ	マリー・A・マクドナルド, ポール・R・ワイシック, 丸子 あゆみ
HUAPALA: Hawaiian Music and Hula Archives	https://www.huapala.org/
Ka'iwakīloumoku Hawaiian Cultural Center	https://apps.ksbe.edu/kaiwakiloumoku/

あ と が き

　2019年の1月、鎌倉の某所で某新年会がありました。そのとき平井編集長とたまたまお会いし、何か本を出しましょうと会話を交わしたことが、そもそものきっかけでした。約2ヶ月後に、編集部に伺ってミーティング。はじめはハワイの王族や神々の辞典という企画でしたが、訳し下げの、そのままフラが踊れる対訳本が面白いね、ということになり、200曲の選曲作業に取りかかったのでした。

　200曲の中にはすでに対訳済みの歌も多かったのですが、すべて訳し直しをしました。途中でフラダンサーやミュージシャンの友人たちに訳を見てもらい、修正をしながら200曲を無事完成。と思いきや、6曲も足りないことが発覚、あわてて追加したりもしました。

　実は、一番時間を費やしたのが、対訳にカウントを入れる作業です。これは対訳の途中で入れることになったもの。歌のメロディと突き合わせるためのガイドですが、カウントがついた対訳なんて今までにありません。そこで、規格作りから取りかかりました。ようやく「1, 2, 3, 4」を1小節にする方向で決定。譜面でもない対訳に小節を入れるという途方もない作業を、試行錯誤をしながらなんとか終えることができました。それでも、あまり役に立たないかもしれません。参考程度にしていただけたらと思います。

　本書ができあがるまで、多くの方の力に支えられてきました。中でも、まずは出版を決めてくれた「フラレア」の平井編集長。勝手に業界の同志と思っている編集部の橘田さん。デザイナーの木村さん。選曲のアドバイスをくれた上原さん。英語歌詞の翻訳チェックをした河合さん。文字校正を担当した杉山夫婦。対訳に対する方向性を示してくれた佐藤夫婦。そして、そもそもの橋渡しと、カウントのチェックという一番やっかいな作業を引き受けてくれたKeikoさんに心から感謝いたします。

神保 滋

神保 滋　JIMBO, Shigeru

フラをトニー・タウヴェラのもとで 13 年学び、メリー・モナークの前夜祭やキング・カメハメハ・フラ・コンペティションなどハワイの大会に出場した経験を持つ。2000 年に Vance K らとカヴァイハエを結成し、ビクターからメジャーデビュー。現在、音楽活動の他に、ハワイ語の作詞家として 50 曲以上をミュージシャンやハーラウに提供している。また、ケアリイ・レイシェルをはじめとした CD 対訳やハワイアンアルバム「ALOHA HEAVEN」の選曲、また、ディズニー映画「南の島のラブソング」の主題歌作詞、「モアナと伝説の海」のパンフレット記事を担当した。ハワイの文化、歴史、神話などハワイに関するあらゆる事に造詣が深く、各所で講演・講義を行っている。自身のホームページ <nextp.jp> でハワイアンソングの歌詞サイトを運営中。

フラが踊れる対訳本

2019 年 10 月 1 日　第 1 刷発行

著　者　　神保 滋
印刷・製本　図書印刷株式会社
発行人　　平井 幸二
発売元　　株式会社 文踊社
　　　　　〒 220-0011　神奈川県横浜市西区高島 2-3-21 ABE ビル 4F
　　　　　TEL 045-450-6011
　　　　　info@hulalea.com

ISBN 978-4-904076-75-0

価格はカバーに表示してあります。
©BUNYOSHA 2019
Printed in Japan

本書の全部または一部を無断で複写、複製、転載することは、著作権法上の例外を除き、禁じられています。
乱丁、落丁本はお取り替えします。